# Lernschublade
# TIERE IN IHREM LEBENSRAUM

**26 kreative Angebote für Kita-Kinder:**
zum Selbermachen, Spielen und Lernen

Praxisreihe
Kindergarten

# Inhaltsverzeichnis

## Kapitel 4 Die Wiese



## Kopiervorlagen

# Vorwort

Sortieren und vergleichen, Farben und die Farbnamen kennen und unterscheiden lernen, Formen und Zahlen erfahren: Auch in diesem Heft können die Kinder selbsttätig mathematische Grunderfahrungen beim Spielen und Lernen mit und in den Lernschubladen machen. In dieser Ausgabe führen Tiere die Kinder durch die Lernabenteuer. Dazu finden die Kinder in jedem der Kapitel die für einen Lebensraum typischen Tiere, die ihnen knifflige Aufgaben stellen.
Dabei können sich die Kinder selbstständig und nach eigenen Interessen Lernschubladen aussuchen und bespielen, Sie können aber auch bestimmte Lernschubladen für die Kinder anmoderieren. Auf diese Weise machen die Kinder diesmal Ausflüge in den Wald zu Eule, Eichhörnchen und Specht. Oder sie besuchen die Meerestiere und schulen mit dem Kraken ihre Feinmotorik. Weitere Reisen führen zu See, Weiher, Teich und Tümpel und schließlich auf die Wiese ins Reich der kleinen Krabbeltiere. So machen die Kinder nicht nur mathematische Grunderfahrungen, sondern erhalten zudem noch ein wenig zusätzliche Information über die Tiere und ihre Lebensräume – alles mithilfe der Lernschubladen aus diesem Heft.

Gerade mit Lernschubladen, die Sie immer wieder neu und originell bestücken können, lassen sich die Interessen und Erfahrungen der Kinder aufgreifen. Und gerade die kognitiven Fähigkeiten können die Kinder mit den kniffligen Aufgaben aus den Lernschubladen fördern. Denn diese Art von intellektueller Anregung finden die Kinder nicht immer ohne Weiteres in ihrem Alltag – daher sind „Angebote" also durchaus förderlich und nicht kreativitätshemmend.

Gleichzeitig sind Spielschubladen eine kostengünstige Anschaffung und wenn Sie die Kinder bei der Herstellung mit einbeziehen, sind Ihre Schubladen umso interessanter. Je nach Alter, kognitiven Fähigkeiten und Wissensstand Ihrer Kinder bietet es sich an, jede Lernschublade zunächst einzuführen und gemeinsam zu besprechen. Als Publikum für die Einführung einer solchen Schublade reicht oft eine Kleingruppe, da die Kinder dieser Gruppe sehr gerne ihr schon erworbenes Wissen an Interessierte weitergeben. So kann aus Ihren Lernschubladen ein Selbstläufer werden. Learning by doing: Manche Inhalte der Schubladen sind allerdings auch selbsterklärend und die Kinder finden bei der Beschäftigung damit selbst heraus, was und wie sie spielen und knobeln können. So ermöglichen Sie den Kindern selbstbestimmtes Lernen ohne große vorherige Erklärungen und kommen der Neugier und der Entdeckerfreude der Kinder noch mehr entgegen. Auch können von Ihnen aufgestellte

Spielregeln von den Kindern verändert werden, sodass ein neuer Spielgedanke entsteht. Die Kinder verstehen auch sehr schnell, wie sie sich eine Schublade nehmen können, denn es ist nichts anderes, als wenn sie sich ein Puzzle oder ein Spiel aus dem Regal nehmen.

Alle hier aufgeführten Spiele und Lernanregungen sind selbstverständlich in genau dieser Form in der Praxis getestet worden. Falls Sie die Lernschubladen im U3-Bereich einsetzen möchten, verwenden Sie bei den Gegenständen am besten Dinge, die nicht verschluckt werden können.
Aus eigener Erfahrung kann ich sagen, dass diese Lernschubladen nicht mehr aus unserem Gruppenraum wegzudenken sind. Sie werden immer wieder umgestaltet, neu bestückt und bleiben dadurch interessant. Auch die Kinder selbst sind inzwischen zu Erfindern von Lernschubladen geworden. Einmal hergestellte Schubladen müssen auch nicht verloren gehen! Bei uns werden sie verstaut und zu einem späteren Zeitpunkt nach Interesse und Lust der Kinder wiederverwendet. Dadurch entsteht ein Fundus an Möglichkeiten, wie in einer Bücherei.
Und übrigens: Mit den einzelnen Schubladen ermöglichen Sie nicht nur Grunderfahrungen zu Tieren in ihren Lebensräumen. Auch andere Kompetenzbereiche wie Feinmotorik und Konzentration, Ausdauer, Beobachtung und Alltagswissen trainieren die Kinder dabei selbst.

# So arbeiten Sie mit diesem Heft

Dieses Heft bietet viele Ideen für Lernschubladen zum Thema „Tiere in ihrem Lebensraum“, die Sie individuell auswählen, kombinieren und einsetzen können. Die einzelnen Spielideen enthalten Altersangaben zur besseren Orientierung. Diese sind natürlich relativ und nur als Vorschlag zu verstehen. Niemand kennt Ihre Kinder so gut wie Sie und kann abschätzen, ob oder ab wann die Schubladen unter- bzw. überfordern.

Beachten Sie beim Einsatz dieser Schubladen: Sie sind keine Pflichtübung. Vielmehr sollten die Spielideen mit den Schubladen Spaß machen, eine Einladung sein, einen Impuls zum selbstbestimmten Lernen bieten und die Kinder kognitiv herausfordern.

Ich wünsche Ihnen viel Freude an der Herstellung und beim Einsatz der Lernschubladen!

# Die Kapitel dieses Heftes gliedern sich in folgende Grundelemente:

- **Vergleichen, sortieren und ordnen:**
  Gegenstände anhand von Eigenschaften wie Form, Farbe, Gebrauch vergleichen, ordnen und sortieren
- **Farben:**
  Farben korrekt erkennen und benennen können
- **Formen:**
  Die visuelle Wahrnehmungsfähigkeit im Bereich „Formen erkennen“ fördern
- **Feinmotorik:**
  Durch verschiedene Tätigkeiten die Hand- und Fingergeschicklichkeit sowie die Auge-Hand-Koordination trainieren
- **Zahlen:**
  Ziffernsymbole mit Zahlen verknüpfen, Mengen begreifen, Zählen üben

# Der Schubladenturm: So stellen Sie Ihre Grundausstattung schnell selbst her

1. Wenn Sie die Spiele und Lernanregungen aus diesem Buch als Lernschubladen anbieten möchten, beginnen Sie mit der **Anschaffung eines Schubladenturms** aus Karton. Diese werden im Handel mit je drei oder vier Schubladen angeboten. Die Schubladen sind meist etwas größer als DIN A4 (27 × 31 × 8 cm).

2. Die vielen Vorlagen in diesem Buch helfen Ihnen, **die Schubladen zu bestücken** (Sie müssen diese nur noch auf die richtige Größe kopieren). Das geforderte Material ist zumeist in Ihrer Einrichtung vorhanden. So können Sie mit sehr wenig Zeitaufwand gemeinsam mit den Kindern immer neue Schubladen erfinden. Beobachten Sie, wie groß das Interesse der Kinder an den einzelnen Schubladen ist. Verlieren Ihre Kinder das Interesse an einer Schublade, ist es an der Zeit, sie auszutauschen. Bewahren Sie sie auf, so steht sie für einen späteren Einsatz wieder bereit.

3. Beziehen Sie bei der Herstellung die Kinder mit ein, so steigt bei ihnen die Motivation, sich später mit dem Angebot zu befassen. Genauso kann eine **Einführung** wichtig sein, in der Sie gemeinsam die jeweilige Aufgabe der Schublade und die Gegenstände, die darin vorkommen, besprechen können. Sie können aber auch so vorgehen, dass Sie wenig oder nichts besprechen, und die Kinder selbst herausfinden lassen, was genau hier gefordert ist.
   Erörtern Sie den Inhalt und den Verwendungszweck des Spiels/der Lernanregung nur so weit, dass die Kinder nicht das Interesse daran verlieren, und nur so tiefgehend wie nötig. Dies kann in der Kleingruppe oder im Morgenkreis geschehen und je nachdem, wie stark die Kinder am Entwicklungsprozess der Schublade beteiligt waren.

4. Praktischerweise passt jede Anregung genau in eine Schublade. Dazu gestalten Sie **jeweils einen DIN-A4-Bogen Tonkarton**, der genau in Ihre Schublade im Schubladenturm passen sollte (dabei die Höhe beachten, damit die Kinder die Schublade bequem aufziehen und einschieben können!). Mithilfe des Tonkartons ist es leichter, einen Spielaufbau komplett aus einer Schublade herauszuheben und, wenn nötig, beispielsweise auf einem Tisch abstellen zu können.

5. **Laminieren** Sie die Einzelteile, soweit es geht, ein, so werden die Formen, Figuren und Gegenstände aus Papier langlebiger. Das Laminieren wird in der Herstellung im Buch nicht mehr ausdrücklich erwähnt, ist aber zumeist notwendig bzw. hilfreich. Wenn Sie einlaminieren, können Sie den Tonkarton für die Herstellung von Spielfiguren natürlich auch durch Papier ersetzen. Fixieren Sie zudem die meisten Einzelteile mit Heißkleber.

6. Um **Ordnung** in der Schublade zu halten, werden Schachteln zur Aufbewahrung von Kleinteilen gefaltet. Die Anleitung dazu finden Sie auf den folgenden Seiten.

# Das Innenleben

**Anleitung für die „Ordnung-in-der-Schublade-Schachteln"**
Diese schnell selbst gefalteten Schachteln sorgen für Ordnung in Ihren Lernschubladen. Mit dieser Schritt-für-Schritt-Anleitung können Sie immer wieder passende Schachteln in verschiedenen Größen herstellen. Falls Sie keine Lust zum Falten haben, können Sie auch gekaufte Pappschachteln, kleine Kartons von Umverpackungen, beispielsweise von Schmuck oder Uhren, verwenden.

➡ **Schritt 1:** Für eine Schachtel benötigen Sie ein quadratisches Stück festes Papier, beispielsweise aus einem DIN-A4-Bogen abgeschnitten.

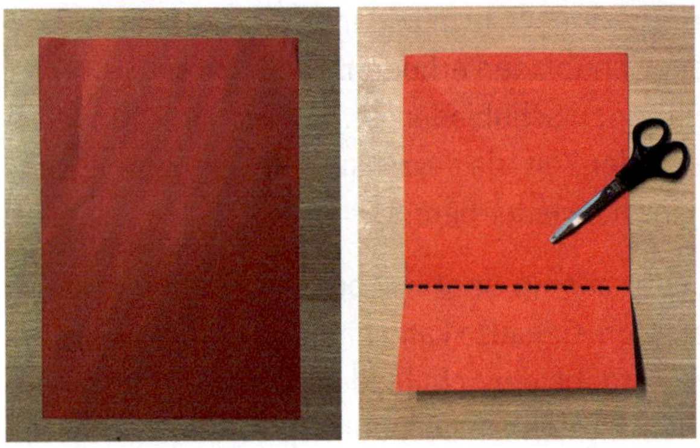

➡ **Schritt 2:** Das Papier einmal diagonal falten. Wiederholen Sie diesen Faltschritt mit der anderen Seite, sodass sich die Faltlinien kreuzen. Falten Sie nun alle Ecken zum Mittelpunkt. Ihr Papier sieht nun so aus:

➡ **Schritt 3:** Jetzt die obere und untere Kante/Seite zum Mittelpunkt falten und wieder zurück. Die Arbeit drehen und mit den zwei anderen Kanten/Seiten wiederholen, sodass Sie diese Form vor sich haben:

➡ **Schritt 4:** Falten Sie das Blatt nun komplett wieder auf: Schneiden Sie das Papier jetzt viermal ein. Jeweils an zwei gegenüberliegenden Seiten, bis zum mittleren Quadrat.

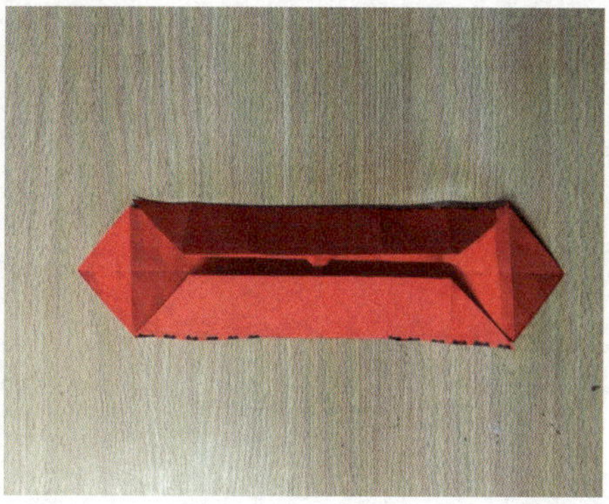

➡ **Schritt 5:** Die beiden großen Seitenteile (auf dem Foto oben links) an der Faltlinie des mittleren Quadrats nach innen falten (siehe Foto oben rechts). Alle vier Spitzen nach innen falten, sodass Sie diese schon fast fertige Schachtel erhalten:

➡ **Schritt 6:** Jetzt nur noch die beiden gegenüberliegenden Seiten über die Seitenteile klappen und die Schachtel ist fertig.

Kapitel 1

# Der Wald

Die kleinen und großen Tiere des Waldes kommen in diesem Kapitel zu Besuch in die Kita: In den Lernschubladen auf den folgenden Seiten können die Kinder der Eule beim Sortieren helfen oder mit dem Eichhörnchen Nüsse sammeln und zählen. So führen die Waldtiere die Kinder durch neue, spannende Spielabenteuer in den Lernschubladen.

# 1 Die sortierende Eule

**In dieser Lernschublade sorgt eine freundliche Eule für Ordnung: Sie sortiert, was im Wald so alles herumliegt. Ob die Kinder ihr dabei wohl helfen können?**

Alter ab 3 Jahren

Ziele Wiedererkennen, Farbenlehre, Formen, Unterscheiden, Zuordnen, Konzentration, Aufmerksamkeit

Material Kopiervorlage „Eule", Tonkarton in Weiß, Hell- und Dunkelgrün, Braun, Papierreste in Hellbraun, Orange und Gelb, Schere, Kleber, Deckel von Kinderschuhkarton, Trinkhalm, grüner Tonkarton (Unterlage), vier Schachteln in Braun, eine Schachtel in anderer Farbe

## Herstellung

Übertragen Sie die Vorlage der Eule auf braunen Tonkarton bzw. auf das passende Papier. Schneiden Sie die Einzelteile aus und kleben alles zur Eule zusammen. Fertigen Sie fünf Schachteln an, vier in Braun und eine in einer anderen Farbe. Den Deckel des Schuhkartons bekleben Sie mit grünem Papier. Auf den Deckel kommen nebeneinander die vier braunen Schachteln.

Basteln Sie etwa in der Länge des Trinkhalmes einen Baum mit Stamm und Krone in zweifacher Ausführung, damit man den Trinkhalm von beiden Seiten mit dem Stamm und der Baumkrone bekleben kann. Die Eule kleben Sie anschließend in die Baumkrone. Lassen Sie beim Zusammenkleben mindestens 3 Zentimeter vom Trinkhalm unterhalb des Stammes frei. Stechen Sie in den Deckel ein Loch, in das der Trinkhalm passt. Jetzt kann der Halm mit der Eule dort eingesteckt und gleichzeitig auch wieder entfernt werden. Basteln Sie nach den Vorlagen noch das Sortiermaterial: die zwei verschiedenen Blätterarten, die Blüten und die Stöckchen, jedes Motiv mindestens fünfmal. Je ein Teil davon kleben Sie an die Stirnseite einer Schachtel. Das übrige Sortiermaterial platzieren Sie in der fünften Schachtel.

## Einführung: Selbstständig spielen und entdecken

Stellen Sie den Kindern die Eule vor. Diese möchte es immer sehr ordentlich in ihrem Wald haben. Betrachten Sie mit den Kindern zuerst die verschiedenen Blätter, die Blüten und die Stöckchen. Was erkennen die Kinder? Wie könnten die Sachen sortiert werden? Die Schachteln sind die Sortierbehälter und die Eule hat sie auch schon markiert. Die Kinder ordnen die Dinge nun der passenden Schachtel zu.

# 2 Das große Formenrennen der Waldtiere

**Quadrat, Rechteck, Kreis und Dreieck: Diese Formen lernen die Kinder bei dem spannenden Tischregelspiel kennen, das sich in dieser Lernschublade versteckt. Als Spielfiguren fungieren Waldtiere.**

Alter ab 3 Jahren

Ziele Formenlehre, visuelle Wahrnehmung, Auge-Hand-Koordination, Feinmotorik

Material Kopiervorlage „Waldtiere", Kopiervorlage „Würfel", Farbstifte, Schere, Kleber, Tonkarton in Braun, vier Korken, Tonpapier in Grün, Hellbraun, Orange, Messer

## Herstellung

Kopieren Sie die Vorlagen der „Waldtiere" und des „Würfels". Bemalen Sie den Würfel und kleben Sie ihn zusammen.
Für die Spielfelder schneiden Sie jeweils vier Rechtecke, vier Quadrate, vier Kreise und vier Dreiecke in einer Größe von ca. 3–4 Zentimetern aus dem grünen Papier aus. Aus dem orangefarbenen Papier noch eine Art Blüte in vierfacher Ausführung ausschneiden. Schneiden Sie den braunen Tonkarton als Spielfeld und Unterlage auf die Größe der

Schublade zu. Legen Sie das Spielfeld hochkant. Ganz oben kleben Sie die vier Blüten als Startfelder nebeneinander auf. Unter diese Blüten kleben Sie jeweils eine Reihe mit gleichen Formen auf. Ans Ende jeder Reihe kommt ein Zielfeld in Form eines hellbraunen Rechtecks.
Gemeinsam mit den Kindern stellen Sie die Lernschublade fertig. Die Waldtiere werden originalgetreu bemalt. In die Korken mit einem Messer einen Schlitz einschneiden, in den die Kinder das jeweilige Waldtier hineinstecken können.

### Einführung: Selbstständig spielen und entdecken

Schauen Sie sich zunächst die Formen auf dem gebastelten Spielplan mit den Kindern an. Benennen Sie diese gemeinsam. Finden die Kinder das Gegenstück auf dem Würfel? Können die Kinder auch die Waldtiere alle benennen?
Zum Spielen stellen die Kinder die Tierfiguren auf die Blüten. In diesem Beispiel steht der Hirsch vor dem Dreieckpfad, der Igel hat Quadrate als Spielfelder … Nun kann das Rennen beginnen. Mit dem Formenwürfel würfeln die Kinder reihum. Welches Tier darf einen „Schritt“ nach vorne machen? Sollte der Stern gewürfelt werden, dann darf sich das Kind, das an der Reihe war, aussuchen, welches Waldtier ein Feld nach vorne rücken darf. Das Tier, das das Ziel (das braune Viereck) zuerst erreicht, hat gewonnen.

## 3 Der Eulenbaum

**Welche Eule kommt auf welchen Ast? Auch in dieser Lernschublade geht es um geometrische Formen. Wenn die Kinder die Eulen ganz genau angucken, können sie die Lösung schnell herausfinden.**

Alter ab 3 Jahren

Ziele visuelle Wahrnehmung, Formenlehre, Konzentration

Material Kopiervorlage „Eulenbaum“, Farbstifte, Schere, Kleber, grünes Papier, DIN-A4-Papier, Tonkarton

### Herstellung

Malen Sie gemeinsam mit den Kindern den Baum und die Eulen bunt an. Schneiden Sie die Eulen zu. Damit der Baum nicht kahl bleibt, schneiden Sie mit den Kindern aus grünem Papier einige kleine Blättchen zu und kleben diese an den Baum.

### Einführung: Selbstständig spielen und entdecken

Schauen Sie sich mit den Kindern den Baum genau an. Was können sie entdecken? Auf den Ästen sind Formen verteilt und geichzeitig gibt es Eulen, die doch genau die gleiche Form haben. Die Kinder werden erkennen, dass sicherlich jede Eule auf ihrem passenden Platz im Baum sitzen möchte. Bevor eine Eule auf ihren Platz kommt, sprechen Sie mit den Kindern die Formen durch. Wie heißt die Form? Gibt es irgendwelche Besonderheiten?

## 4 Der Specht auf Nahrungssuche

**In dieser Lernschublade hat ein Specht großen Hunger. Ob die Kinder ihm helfen können, kleine Tierchen aus der Baumrinde zu picken? Mit Magneten wird das möglich.**

Alter ab 3 Jahren

Ziele Feinmotorik, Konzentration, Geschicklichkeit, Ausdauer

Material Kopiervorlage „Specht“, stabiler Karton, ca. 10 Metallkugeln (Geomac), ein Magnet (Geomac), Farbstifte, Schere, Kleber, Klebefilm, grüner und brauner Tonkarton, Styroporblock, ca. 25 Zentimeter lang und 10 Zentimeter breit, eine Schachtel

### Herstellung

Kopieren Sie die Vorlage „Specht“ und bemalen Sie diese originalgetreu. Kleben Sie anschließend die Vorlage auf einen stabilen Karton und schneiden Sie den Specht aus. Am Schnabel wird jetzt der Magnet mit Klebefilm befestigt. Gestalten Sie danach einen

Baum, den Sie auf dem Styroporblock mit Kleber befestigen. Nehmen Sie einen spitzen Stift und stechen Sie damit Löcher in den Block. Durch leichtes Drehen des Stiftes erhalten Sie eine runde Vertiefung, in die Sie die Magnetkugeln legen können. Fertigen Sie eine Schachtel zur Aufbewahrung der Kugeln an.

### Einführung: Selbstständig spielen und entdecken

Der Specht hat großen Hunger und mit seinem Schnabel (Magnet) holt er sich seine Nahrung vom Baumstamm und auch aus der Baumkrone. Jetzt ist Fingerspitzengefühl gefragt: Schaffen es die Kinder, den Specht zu füttern? Wenn der Specht die gesamte Nahrung eingesammelt hat, werden alle Kugeln wieder im Baum verteilt.

## 5 Das Eichhörnchen zählt seine Nüsse

**Bei dieser lustigen Aufgabe können die Kinder einem Eichhörnchen beim Sammeln des Wintervorrats helfen. Aber ganz so einfach ist es nicht, denn nur eine bestimmte Anzahl Nüsse passt jeweils in das richtige Versteck.**

Alter ab 3 Jahren

Ziele Zahlenlehre, Mengen erfassen, Ordnen, Vergleichen, taktile Wahrnehmung

Material Kopiervorlage „Eichhörnchen“, 15 Nussschalen (Hälften), Schere, Kleber, Farbstifte, Tonkarton in Braun (Unterlage), Tonkarton in Grün, weißes Papier, Korken, Messer, eine Schachtel

### Herstellung

Übertragen Sie die Kopiervorlage auf braunen Tonkarton oder zeichnen Sie ein Eichhörnchen auf Pappe vor, das die Kinder anmalen können. Nun wird das Eichhörnchen ausgeschnitten. Halbieren Sie den Korken längs und machen Sie einen Schlitz, in den Sie das gebastelte Eichhörnchen stecken können.

Drucken Sie mit dem Computer die Zahlen 1–5 im Querformat nebeneinander in einem Abstand von 4–5 Zentimetern auf einem weißen DIN-A4-Papier aus oder malen Sie diese einfach gut lesbar auf. Die Zahlen sollten dabei nicht zu klein sein. Schneiden Sie anschließend das Papier mit den Zahlen in Spalten, sodass fünf Streifen mit den jeweiligen Zahlen am oberen Rand entstehen. Die Spalten können Sie dann noch hellbraun anmalen. Dabei könnten Ihnen die Kinder helfen.
Kleben Sie die Spalten als eine Art Tabelle auf den braunen Tonkarton. Schön sieht es zudem aus, wenn Sie aus dem grünen Tonkarton noch eine Art Baumkrone ausschneiden und auf den braunen Tonkarton aufkleben.
Fertigen Sie anschließend noch eine Schachtel an, in der die 15 Nussschalenhälften aufbewahrt werden können.

### Einführung: Selbstständig spielen und entdecken

In dieser Schublade will das Eichhörnchen gern die Nüsse richtig in die Verstecke sortieren. Die Zahlen zeigen die Anzahl der Nüsse an, die ins Versteck gelegt werden sollen. Ob die Kinder dem Eichhörnchen helfen können? Falls nötig, sprechen Sie zuerst die Zahlen durch und lassen Sie sich die Zahlenmengen von den Kindern mit den Fingern zeigen.

**Tipp**

Verwenden Sie keine ganzen Nüsse, da es für die Kinder leichter ist, die halben Schalen zu legen. Alternativ kopieren Sie die Walnuss auf der Vorlage in der gewünschten Anzahl und laminieren diese ein.

## 6 Die Ameise im bunten Wald

**Ameisen gehören zur „Polizei und Müllabfuhr" des Waldes: In der echten Natur transportieren sie abgestorbene Tier- und Pflanzenteile ab. In diesem Beispiel für eine Sortierschublade können die Kinder den Ameisen beim Aufräumen und Sortieren helfen.**

Alter ab 2 Jahren

Ziele Farbenlehre, Merkfähigkeit, Feinmotorik, Ausdauer, Wiedererkennen

Material braunes und grünes Papier, gelber, roter, grüner, blauer, brauner Tonkarton, schwarzer Biegeplüsch, zwei Wackelaugen 0,5 Zentimeter, 3 schwarze Pompons ca. 2 Zentimeter, Schere, Kleber, Spielmaterial (Kleinteile) in den Farben Gelb, Grün, Blau, Rot, Tonkarton (Unterlage), eine Schachtel

## Herstellung

Zuerst bereiten Sie die Sortierbehälter vor: Dazu schneiden Sie aus dem braunen Tonkarton vier Streifen in einer Länge von etwa 15 Zentimetern und einer Breite von 7 Zentimetern zu. Kleben Sie jeden dieser Streifen zu einer Rolle. So stellen Sie die Baumstämme dar, die später zu Sortierbehältern werden. Aus stabilem braunen Tonkarton oder aus Pappe schneiden Sie einen Streifen in der Länge der Schublade und in einer Breite von ca. 8 Zentimetern zu. Befestigen Sie die vier Rollen nebeneinander auf der Pappe, indem sie jeweils einen dünnen Streifen Tonkarton vorne und hinten an Baumstamm und Unterlage befestigen. Schneiden Sie aus rotem, gelbem, grünem und blauem Tonkarton jeweils eine Baumkrone zu und kleben diese jeweils an eine Rolle/einen Baumstamm.

Als Nächstes kommt die Ameise an die Reihe: Schneiden Sie dazu aus Karton einen Streifen von 1,5 × 6 Zentimetern. Dann den Biegeplüsch in vier Stücke von jeweils 5 Zentimetern Länge schneiden. Legen Sie den Kartonstreifen senkrecht vor sich hin und kleben Sie als Beine drei der Biegeplüschstücke waagerecht mit etwas Abstand untereinander auf den Kartonstreifen. Es sollten auf jeder Seite des Kartons gleich lange Stücke des Biegeplüschs herausragen. Die überstehenden Biegeplüschstücke nach unten biegen und „schwupps" ist eine Ameise mit sechs Beinen entstanden. Anschließend die Pompons auf den Streifen kleben und einen Pompon an den Enden mit Wackelaugen versehen. Der letzte Streifen Biegeplüsch wird zu Fühlern, die Sie am Kopf anbringen. Zum Schluss fertigen Sie noch eine Schachtel zur Aufbewahrung der Kleinteile an.

## Einführung: Selbstständig spielen und entdecken

Betrachten Sie mit den Kindern zuerst die Bäume und zeigen Sie ihnen die Ameise. Die Ameise möchte gerne aufräumen und die Dinge nach Farben sortieren. Die Kinder dürfen nun Kleinteile im Zimmer in den Farben Rot, Blau, Grün und Gelb suchen und zu der Schublade bringen. Wählen Sie gemeinsam je vier gleichfarbige Gegenstände aus, die klein genug sind, um in die Schachtel zu passen. Diese „Spielsachen" werden nun von den Kindern in die farblich passenden Baumstämme sortiert.

# 7 Große und kleine Spinnen

**In dieser Lernschublade krabbeln große und kleine Spinnen durcheinander. Sie warten darauf, dass die Kinder sie ordnen, und zwar der Größe nach.**

Alter ab 2 Jahren
Ziele Größenverständnis, logisches Ordnen, visuelle Wahrnehmung
Material Kopiervorlage „Spinnen", Farbstifte, Schere

## Herstellung

Kopieren Sie die Vorlage „Spinnen" und bemalen Sie diese gemeinsam mit den Kindern in verschiedenen Farben. Sie können die Spinnen auch auf buntes Papier übertragen, dann entfällt das Bemalen ganz. Schneiden Sie anschließend alle Spinnen zu. Auf ein weißes Blatt können Sie ein Spinnennetz zeichnen, das den Untergrund für die Schublade bildet. Dieses hat keine weitere Funktion, regt allerdings die Fantasie der Kinder weiter an.

## Einführung: Selbstständig spielen und entdecken

Besprechen Sie gemeinsam mit den Kindern, was sich in der Lernschublade befindet. Es sind Spinnen und die Kinder sollen Unterschiede feststellen. Können sie die Unterschiede entdecken? Richtig, sie sind unterschiedlich groß!
Lassen Sie die Kinder die größte Spinne finden. Anschließend die nächstgrößere und immer so weiter. Zum Schluss sollen alle Spinnen in einer Reihe von groß nach klein liegen. Zum Überprüfen oder zur Erleichterung können die Kinder zwei Spinnen, bei denen sie unsicher sind, einfach übereinanderlegen und dadurch leichter unterscheiden, welche größer bzw. kleiner ist.

Kapitel 2

# Das Meer

In spannender Unterwasserkulisse führen diesmal Meerestiere durch die Lernschubladen. Da geraten Fischschwärme in Not, Kraken suchen ihre Arme und Muscheln freuen sich, wenn sie sortiert werden. Die Kinder lernen dabei interessante Meerestiere wie Hai, Seestern und Krake kennen.

# 8 Meerestiere

**In dieser Schublade sind gute Augen gefragt, denn es geht um das genaue Unterscheiden von Umrissen der Meeresbewohner. Jedes Meerestier hat hier nämlich mehrere farbige Schatten. Nebenbei lernen die Kinder dabei auch erste Meeresbewohner kennen: Krake, Seepferdchen, Meeresschildkröte, Delfin, Krabbe und Seestern.**

Alter ab 2 Jahren

Ziele Vergleichen, Konzentration, Zuordnen, Feinmotorik

Material Kopiervorlage „Meerestiere“, Tonkarton in verschiedenen Farben, Papier in verschiedenen Farben, Farbstifte, Schere, Kleber, Tonkarton (Unterlage)

## Herstellung

Kopieren Sie die Vorlage „Meerestiere“ und schneiden Sie die Figuren zunächst nur grob aus. Gemeinsam mit den Kindern schauen Sie sich die Tiere an. Benennen Sie die verschiedenen Tiere und malen Sie sie so originalgetreu wie möglich an. Legen Sie dann die bemalte Vorlage auf das weiße Papier und schneiden Sie beide gleichzeitig – jetzt sorgfältiger – aus. So sind die Figuren genau gleich: Zu jedem Tier haben Sie nun einen korrekten Umriss. Fertigen Sie nun von jedem Tier einen Umriss in Rot, Schwarz und Gelb an. Zuletzt malen Sie auf weißes Papier nur die Umrisse der Tiere in Schwarz auf und schneiden diese einzeln als Kärtchen in 10 × 10 Zentimeter aus.
Aus dem blauen Tonkarton schneiden Sie sechs Kärtchen ebenfalls in der Größe 10 × 10 Zentimeter zu. Darauf kleben Sie die bemalten Tiere. Die weißen Tiere kleben sie auf schwarze Kärtchen, die schwarzen Tiere auf weißes Papier. Die roten Tiere kommen auf orangefarbene Kärtchen, ebenso wie die gelben.

**Tipp**

Stellen Sie gleich mehrere Umrisskärtchen auf die gleiche Art und Weise in verschiedenen Farben her.

### Einführung: Selbstständig spielen und entdecken

Können die Kinder jedem Meeresbewohner seine richtigen Schatten/Umrisskärtchen zuordnen? Dazu müssen die Kinder genau hinschauen.

**Tipp**

Mit den Kärtchen der Meerestiere lässt sich auch ein Aufdeckspiel nach den Memory-Spielregeln spielen.

## 9 Bunte Muscheln

**Kunterbunt fallen die Muscheln in dieser Lernschublade durcheinander. Ob die Kinder sie sortieren möchten?**

Alter ab 2 Jahren

Ziele Vergleichen, Zuordnen, Konzentration, Erkennen, Farbenlehre

Material 36 Muscheln (ungefähr gleich groß), Farbwürfel, Acrylfarbe in den Farben des Würfels, z. B. Weiß, Blau, Rot, Gelb, Grün, Lila, Pinsel, Papierreste in den gleichen Farben, Bleistift, Lineal, dunkelblauer Tonkarton, hellblauer Tonkarton (Unterlage), Schere, Kleber, eine Schachtel

### Herstellung

Bemalen Sie jeweils sechs Muscheln in der gleichen Acrylfarbe. Gestalten Sie anschließend in den gleichen Farben wie die Muscheln sechs einfache Fische aus den Papierresten. Danach wird die hellblaue Unterlage in ein Raster eingeteilt. Sechs Kästchen waagerecht und sieben Kästchen senkrecht. Die Linien des entstandenen Rasters können sie mit dünnen dunkelblauen Tonpapierstreifen besser sichtbar machen. Auf der kurzen Seite des Rasters (waagerecht) werden oben in den ersten Kästchen jeweils die unterschiedlich farbigen Fische geklebt. Falten Sie zum Schluss noch eine Schachtel zur Aufbewahrung der Muscheln, und schon kann es losgehen.

### Einführung: Selbstständig spielen und entdecken

Legen Sie das Raster vor die Kinder. Die Kinder benennen die einzelnen Farben und können dann die dazugehörigen Muscheln hinzusortieren. Die Muscheln möchten schließlich immer dem farblich passenden Fisch zugeordnet werden.
Statt „nur" zu sortieren, können die Kinder auch ein Würfelspiel daraus gestalten: Jeder Spieler erhält eine Farbe, beispielsweise Rot. Dann würfeln die Spieler reihum. Wer seine Farbe würfelt, darf sich eine Muschel nehmen und sie im Raster auslegen. Wer eine andere Farbe würfelt, gibt den Würfel an den nächsten Spieler weiter. Wer als Erstes seine Spalte mit Muscheln ausgefüllt hat, hat gewonnen.

## 10 Der Hai hat Muscheln verschluckt

**In dieser Lernschublade braucht ein Hai die Hilfe der Kinder: Er hat Muscheln verschluckt, die er nicht verdauen kann. Können die Kinder sie aus seinem Maul holen?**

Alter ab 3 Jahren

Ziele Feinmotorik, Koordination, visuelle Wahrnehmung

Material Tonkarton in Weiß, Blau und Grau, rotes Tonpapier, Schere, Kleber, schwarzer Stift, ca. 10 Muscheln, Zuckerzange, Klebefilm

### Herstellung

Schneiden Sie den grauen Tonkarton auf 30 × 25 Zentimeter zu. Formen Sie daraus einen Trichter und fixieren diesen mit Klebefilm. Schneiden Sie an der großen Öffnung links und rechts zwei gleich große Dreiecke aus. Das ist das Maul des Hais. Kleben Sie anschließend rotes Papier in die Öffnung als Zunge. Danach schneiden Sie aus weißem Tonkarton ausreichend Dreiecke, die Sie kreisförmig oben und unten als Zähne an dieser Öffnung ankleben. Schon ist das Maul des Hais zu erkennen. Schneiden Sie sich noch eine Schwanz- und eine Rückenflosse zu (einfach als abgerundete Dreiecke), die Sie am Hai anbringen. Noch rechts und links die Kiemen und die Augen aufmalen.
Damit der Hai beim Spielen nicht nach rechts oder links rollt, kleben Sie ihn zum Schluss auf blauen Tonkarton fest und legen dann die Muscheln in das Maul des Hais.

### Einführung: Selbstständig spielen und entdecken

Betrachten Sie mit den Kindern das Tier und fragen Sie, ob sie dieses Tier erkennen: Es ist ein Hai. Und dieser Hai braucht unsere Hilfe. Er hat Muscheln verschluckt und die

kann er alleine nicht wieder ausspucken. Deshalb sollen die Kinder ihm helfen, indem sie diese aus seinem Maul holen. Damit sie sich aber an seinen scharfen Zähnen nicht verletzen, verwenden die Kinder dafür eine Zange.
Wer von den Kindern möchte es einmal versuchen? So werden nacheinander alle Muscheln aus dem Maul des Hais entfernt.

## 11 Formenfische

**Fische kann man nicht nur malen. Man kann sie auch mithilfe von Formen wie Dreieck, Rechteck und Quadrat zusammensetzen. Das probieren die Kinder in dieser Lernschublade aus.**

Alter ab 3 Jahren

Ziele Wissen über Formen, visuelle Wahrnehmung, Auge-Hand-Koordination, Feinmotorik

Material Kopiervorlage „Formenfische", Farbstifte, Schere, Kleber, blauer Tonkarton, DIN-A4-Papier, Tonkarton (Unterlage), eine Schachtel

### Herstellung

Kopieren Sie die Vorlage „Formenfische" und schneiden Sie alle Teile aus. Die ausgeschnittenen „Formenfische" auf einem Bogen blauem Tonkarton aufkleben. Stellen Sie mithilfe der Formenschablonen auf der Kopiervorlage mehrere Dreiecke, Quadrate

und Rechtecke her. Diese können Sie dann anschließend mit den Kindern nach eigenen Ideen anmalen. Fertigen Sie abschließend noch eine Schachtel zur Aufbewahrung der einzelnen Formen.

**Tipp**

Fertigen Sie von den Formen mehr an als benötigt. Dadurch haben die Kinder Variationsmöglichkeiten, um die Fische bunt zu gestalten.

### Einführung: Selbstständig spielen und entdecken

Sprechen Sie mit den Kindern die vorkommenden Formen, also Dreieck, Quadrat und Rechteck, durch. Holen Sie die Vorlagen dazu und erklären Sie, dass man aus diesen Formen bunte Fische legen kann. Danach können die Kinder die Formen auf den Bildern gleich anordnen, denn sie erkennen sofort, dass sich diese auf den Formfischen in der Schublade wiederfinden lassen. So können die Kinder selbst und ohne längere Anleitung die Formen zusammenlegen. Durch die verschiedenen Farben werden die Bilder immer wieder anders und neu.

## 12 Die Kraken

**Oje, in dieser Lernschublade haben drei Kraken ihre Arme verloren. Können die Kinder ihnen helfen und jedem Tintenfisch seine Arme anstecken? Achtung, dabei spielt auch die Tintenfischfarbe eine Rolle!**

**Alter** ab 4 Jahren

**Ziele** Farbenlehre, visuelle Wahrnehmung, Feinmotorik, Zuordnen

**Material** Kopiervorlage „Krake“, Biegeplüsch in Gelb, Blau und Grün, Tonpapier in Rot, Gelb und Grün, weißes Papier, Filzstifte, Schere, Kleber, Tonkarton (Unterlage)

### Herstellung

Fertigen Sie mithilfe der Kopiervorlage „Krake“ je einen roten, einen grünen und einen gelben Krakenkopf an. Schneiden Sie von jeder Farbe Biegeplüsch jeweils acht gleich lange Stücke (etwa 12 Zentimeter) ab. Laminieren Sie die Köpfe unbedingt ein und stechen anschließend im unteren Teil acht Löcher für die Biegeplüsch-Tentakel ein. So reißt das Papier beim Spielen später nicht ein.

### Einführung: Selbstständig spielen und entdecken

Betrachten Sie mit den Kindern die Lernschublade und stellen Sie den Kraken vor. Doch was fehlt dem Kraken? Genau, die Arme! Zeigen Sie den Kindern nun die kunterbunt durcheinanderliegenden Tintenfischarme. Ob die Kinder den Kraken helfen und die Arme am Tintenfischkörper befestigen können? Aber Vorsicht: Die Kraken möchten gern ihre farblich passenden Arme bekommen (grüne Arme für den grünen Tintenfisch usw.). Die Kinder können nun die Biegeplüschstücke als Arme durch die Löcher führen und am Tintenfischkörper durch Umbiegen befestigen.

## 13 Ein Fisch schwimmt durchs Meer

**Ein Fisch spielt die Hauptrolle in dieser Lernschublade. Und der muss gut aufpassen: Er muss nämlich den richtigen Weg durch das Meer finden und dabei einem Zahlenweg folgen.**

Alter ab 4 Jahren

Ziele Zahlen kennenlernen, Zählen, Feinmotorik

Material zwei leere Küchenrollen, dicke Wolle oder Kordel, blaues Papier, Filzstift, Schere, Kleber, hellblaues Tonpapier, blauer Tonkarton (Unterlage)

### Herstellung

Umkleben Sie die Küchenrollen mit blauem Tonpapier und schneiden Sie nachfolgend zehn Stücke von 2–3 Zentimetern Breite ab. Alternativ können Sie auch Tonkarton nehmen, diesen rollen, zusammenkleben und in Stücke schneiden. Schreiben Sie auf jede „Rolle" eine Zahl von 1 bis 10. Ordnen Sie die Rollen nun den Zahlen nach auf dem blauen Tonkarton an. Dabei können Sie darauf achten, dass die Ringe so hintereinanderliegen müssen, dass die Kinder den Fisch später gut hindurchschieben können.
Sind alle Rollen richtig angeordnet, kleben Sie diese fest. Anschließend gestalten Sie aus dem hellblauen Tonkartonrest einen kleinen Fisch, den Sie an der Kordel befestigen. Um die Länge der Kordel festzustellen, einfach einmal den Fisch durch alle Ringe durchfädeln und ein kleines Stück Kordel zusätzlich hinzurechnen, an dem die Kinder die Schnur später bequem festhalten können.

## Einführung: Selbstständig spielen und entdecken

Erkennen die Kinder, was in der Schublade zu sehen ist? Ganz sicher werden ihnen die unterschiedlichen Zahlen bekannt vorkommen. Sprechen Sie die einzelnen Zahlen durch. Die Kinder können die Zahl auch passend dazu mit den Fingern anzeigen. Dann darf sich der Fisch auf die Reise durchs Meer begeben. Die Kinder fädeln nun in der richtigen Reihenfolge von 1 bis 10 und dann wieder zurück.

# 14 Fischbabys gesucht

**In dieser Lernschublade ist ein Fischschwarm in Not geraten. Die Mamas aus dem Schwarm haben nämlich ihre Fischbabys verloren. Können die Kinder die Babys den richtigen Mamas richtig zuordnen?**

Alter ab 4 Jahren

Ziele Farbenlehre, visuelle Wahrnehmung, Feinmotorik, logisches Zuordnen

Material Biegeplüsch in Blau, Trinkhalme (umweltfreundlich), Klebefilm, blauer Tonkarton (Unterlage), Tonpapier in Blau, Tonpapierreste, Filzstifte, Schere, Kleber, eine Schachtel

## Herstellung

Fertigen Sie aus den Tonpapierresten je fünf große Fische in unterschiedlichen Farben an. Zu jeder Farbe gestalten Sie zusätzlich kleine Fische (etwa 1 × 2 Zentimeter groß). Hier stellen Sie allerdings nicht für jede Farbe die gleiche Anzahl an kleinen Fischen her, sondern variieren diese jeweils von eins bis fünf. Die Kinder können sich bei dieser Aufgabe gut beteiligen, da die Fischchen nicht alle gleich aussehen müssen. Mit einem Filzstift können die Kinder zum Schluss noch jedem Fisch ein Gesicht geben.

Legen Sie den blauen Tonkarton quer hin. Schneiden Sie nun einen blauen Tonpapierstreifen zu, der die Breite des Tonkartons hat und eine Höhe von ca. 4 Zentimetern.
Auf den Tonkarton kleben Sie nun mit circa 4 Zentimetern Abstand von oben den Biegeplüsch senkrecht auf (jeweils circa 5 Zentimeter zwischen den Drähten lassen), jedoch nur am oberen Rand fest. Zur besseren Befestigung können Sie ihn noch zusätzlich mit Klebefilm fixieren.
Nun kleben Sie auf den blauen Tonpapierstreifen die großen farbigen Fische im gleichen Abstand wie den Biegeplüsch. Dieser Streifen wird über dem Biegeplüsch befestigt, sodass unter jedem der Fische der Biegeplüsch herausragt. Die Trinkhalme zerteilen Sie danach in 15 etwa 2,5 Zentimeter lange Stücke. Auf jedes dieser Stücke kleben Sie längs einen der kleinen Fische. Fertigen Sie eine Schachtel an und sammeln Sie die Fischchen in dieser.

## Einführung: Selbstständig spielen und entdecken

Betrachten Sie mit den Kindern die Lernschublade: Was können die Kinder erkennen? Es sind bunte Fische im Wasser und viele kleine, farblich passende Fische in der Schachtel. Das sind „Mama-Fische" und „Baby-Fische". Nun wissen die Kinder bestimmt schon, dass sie die kleinen Fische den Großen zuordnen sollen. Die Besonderheit: Die kleinen Fischchen müssen dazu mit ihrem Trinkhalmstück auf den Biegeplüsch aufgezogen werden. Dazu brauchen die Kinder etwas Geduld und viel Handgeschicklichkeit.

**Variante**

Schreiben Sie auf jeden großen Fisch eine Zahl von eins bis fünf. Können die Kinder jetzt noch jeder Mama die farblich und/oder zahlenmäßig passenden Fischchen zuordnen und diese in einer aufsteigenden oder absteigenden Reihenfolge aufziehen?

Kapitel 3

# In See, Weiher, Teich und Tümpel

Diese Lernschubladen entführen die Kinder in die geheimnisvolle Welt von See, Weiher, Teich und Tümpel. Begegnen Sie gemeinsam Fröschen, Libellen und sogar einer Wasserschlange. Auch hier kommt es wieder aufs Sortieren, Farbenerkennen, auf Formen und Zahlen an.

# 15 Im See

**Welche Tiere leben denn eigentlich im See oder Weiher? In dieser Schublade können die Kinder es herausfinden und ihr eigenes Wissen ergänzen.**

Alter ab 3 Jahren

Ziele Vergleichen, Konzentration, Zuordnen, Erkennen

Material Kopiervorlagen „Seespiel 1 & 2“, Tonkarton in Blau und Grün, Schere, Kleber, Farbstifte, Tonkarton (Unterlage), eine Schachtel

## Herstellung

Kopieren Sie die Vorlagen „Seespiel 1 & 2“ und malen Sie diese so weit wie möglich gleich an. Wichtig! Für die einzelnen Tiere verwenden Sie die gleichen Farben wie auf den Bildkarten.
Schneiden Sie grüne Kärtchen für die einzelnen Tiere und für die Bildkarten blaue Kärtchen zu. Die Bildkartenhintergründe sollten etwas größer als die Karten für die einzelnen Tiere sein. Für die Bildkarte, auf der alle Tiere zu sehen sind, verwenden Sie ebenfalls eine grüne Karte, damit sie sich von den anderen unterscheidet. Kleben Sie die ausgemalten Vorlagen auf den jeweiligen Tonkarton auf.
Fertigen Sie eine Schachtel zur Aufbewahrung der Tierkärtchen an.

### Einführung: Selbstständig spielen und entdecken

Zeigen Sie den Kindern die größere grüne Bildkarte, auf der alle Tiere zu sehen sind. Sprechen Sie durch, was darauf zu sehen ist, und benennen Sie gemeinsam die Tiere. Dann legen Sie die einzelnen grünen Kärtchen dazu und die Kinder erkennen alle Tiere wieder, die auf der großen Bildkarte zu sehen sind.
Jetzt kommen die blauen Bildkarten ins Spiel. Die Kinder betrachten sie der Reihe nach. Fällt den Kindern etwas daran auf? Lassen Sie den Kindern Zeit und geben Sie nur falls nötig den Hinweis, dass auf jeder Karte ein Tier fehlt. Welches ist es? Können die Kinder es benennen und die entsprechende Karte zuordnen?

## 16 Fische und ihre Blubberblasen

**Haben Sie mit den Kindern schon einmal Blubberblasen an der Wasseroberfläche beobachtet? Manchmal kommen die Blasen von Tieren, die sich direkt darunter im Wasser aufhalten. In dieser Lernschublade können die Kinder Fischen ihre Blasen zuordnen – und dabei das Farbenunterscheiden trainieren.**

Alter ab 3 Jahren

Ziele Vergleichen, Zuordnen, Konzentration, Erkennen, Farbenlehre

Material Styroporblock, 9 Zahnstocher, 9 Perlen von ca. 0,5 Zentimeter Durchmesser in unterschiedlichen Farben, Tonpapier in 9 unterschiedlichen Farben (passend zu den Perlen), selbstklebende Folie, blaues Papier, Filzstifte, Schere, Kleber, hellblauer Tonkarton (Unterlage), eine Schachtel

### Herstellung

Ummanteln Sie zuerst den Styroporblock mit blauem Papier. Danach stecken Sie die neun unterschiedlich farbigen Perlen auf die Zahnstocher und kleben sie an einem Ende fest. Fertigen Sie eine Schachtel zur Aufbewahrung an.
Passend zur Farbe jeder Perle gestalten Sie nun noch einen Fisch. Danach können Sie oder die Kinder jedem Fisch mit dem Filzstift noch ein Gesicht aufmalen. Nun können Sie die Fische bunt verteilt auf den Styroporblock kleben. Überziehen Sie danach das ganze Papier auf dem Styropor mit selbstklebender Folie oder alternativ mit Klebefilm, damit die Zahnstocher nachher auch gut halten. Stechen Sie zum Schluss mit einem der Zahnstocher bei jedem Fisch am „Maul" ein Loch ein.

### Einführung: Selbstständig spielen und entdecken

Legen Sie den Styroporblock vor die Kinder. Die Kinder können nun die einzelnen Farben der Fische benennen. Erzählen Sie den Kindern, dass auch Fische atmen und dabei ab und zu Blubberblasen aus ihrem Mund kommen und nach oben steigen. Jetzt soll jeder Fisch die passende Blubberblase erhalten, die hier als Perlen auf dem Zahnstocher dargestellt sind. Können die Kinder jedem Fisch seine Blubberblase ins Maul stecken?

## 17 Wasserschlangen-Puzzle

**Es gibt sie wirklich, die Wasserschlangen. Sie haben besondere Namen wie Ringel- und Würfelnatter. Sie leben häufig an Seen und können wunderbar schwimmen. Flink und wendig schlängeln sie sich durchs Wasser, wenn sie auf Nahrungssuche gehen.**

Alter ab 3 Jahren

Ziele Wissen über Formen und Farben, visuelle Wahrnehmung

Material Kopiervorlagen „Wasserschlangen 1 & 2", blaues Tonpapier, Farbstifte, Schere, Kleber, Tonkarton (Unterlage)

### Herstellung

Kopieren Sie die beiden Vorlagen „Wasserschlangen 1 & 2". Legen Sie die Kopien nebeneinander, sodass sich die Schlangen „anschauen". Malen Sie nun immer die beiden Schlangen mit demselben Muster gleich an. Anschließend schneiden Sie alle zehn Schlangen aus. Bereiten Sie gleich große Streifen aus blauem Tonpapier vor, auf die Sie die Schlangen nun jeweils einzeln aufkleben.
Alle Streifen schneiden Sie nun genau in der Mitte längs auseinander, sodass Sie zwanzig Einzelteile erhalten.

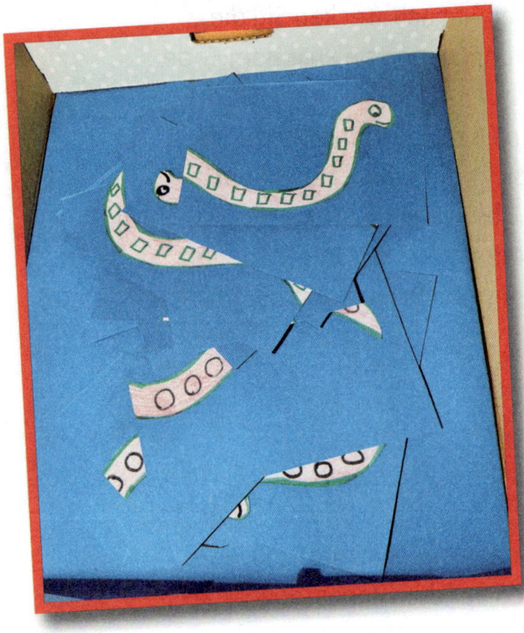

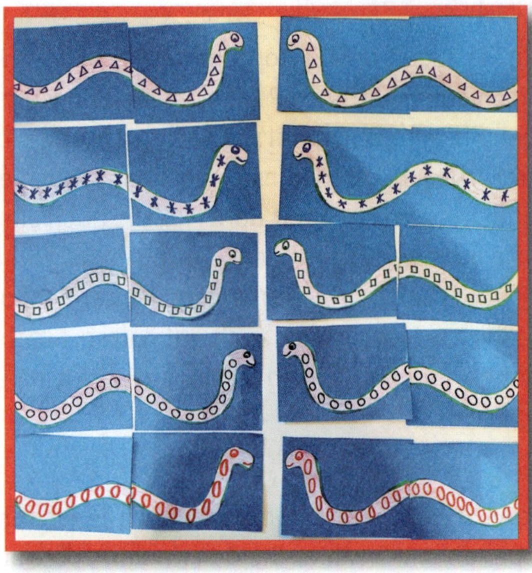

### Einführung: Selbstständig spielen und entdecken

Legen Sie alle Schlangenteile vor die Kinder. Die Kinder können gleich anhand des Schlangenkopfes sowie der Form des Tieres sagen, dass es sich hier um eine Schlange handelt. Erklären Sie zusätzlich, dass es in diesem Fall sogar eine Wasserschlange ist. Dann geht es ans Zusammensetzen. Das ist gar nicht so einfach, denn welcher Schwanz gehört zu welchem Kopf? Selbst wenn das Muster gefunden ist, kann es nämlich immer noch nicht passen, weil die Blickrichtung falsch ist.
Nachdem alle Schlangen richtig zusammengesetzt sind, erkennen die Kinder: Es sind immer zwei gleiche Schlangen, doch eine blickt nach rechts und eine nach links.

## 18 Höhlentaucher

**Als Höhlentaucher können die Kinder in dieser Lernschublade kleine Fische aus einer Höhle befreien. Nötig dazu sind Fingergeschicklichkeit und etwas Geduld.**

Alter ab 3 Jahren

Ziele: Feinmotorik, Geduld, Ausdauer, Geschicklichkeit

Material Trinkhalme, schwarzer Stift, Filzstifte, Schere, (Heiß-)Kleber, grauer Tonkarton, ca. 10 kleine Flaschenverschlüsse, ein großer Flaschenverschluss, weißes, grünes und braunes Papier, eine Prospekthülle (durchsichtig), Klebefilm, Tonkarton (Unterlage)

## Herstellung

Schneiden Sie den grauen Tonkarton auf die Größe der Unterlage zu. Falten Sie rechts und links den Rand längs etwa einen Zentimeter zu zwei Laschen um. Schneiden Sie mittig ein größeres Rechteck aus und bekleben Sie dieses von unten mit einer halbierten Prospekthülle. Biegen Sie den Bogen nun etwas und kleben Sie ihn an den Laschen auf der Unterlage fest, sodass eine Art „Höhle" entsteht. Am besten verwenden Sie dazu Heißkleber, damit es auch gut hält.
Gestalten Sie aus dem braunen und grünen Papier Pflanzen und Steine. Damit können Sie oder die Kinder die Höhle anschließend noch bekleben. Auf das weiße Papier übertragen Sie Kreise mithilfe der kleinen Flaschendeckel und malen einen Fisch in einer beliebigen Farbe in den jeweiligen Kreis. Die Kreise nun ausschneiden und auf die Deckel kleben.
Zum Schluss nur noch den großen Flaschendeckel mit Klebefilm am Trinkhalm befestigen.

## Einführung: Selbstständig spielen und entdecken

Legen Sie alle Fische (Flaschendeckel) in die Höhle. In dieser Höhle haben sich die vielen kleinen Fische verirrt. Ganz vorsichtig können die Kinder sie mit dem großen „Trinkhalmgreifer" einfangen und befreien. Damit auch kein Fischchen vergessen wird, können die Kinder durch das Loch in der Decke der Höhle schauen und selbst nachprüfen.

# 19 Die Farbenlibellen

**In dieser Schublade entdecken die Kinder Libellen. Sie fliegen über den See und sind dabei wunderschön anzusehen. Die Kinder bestücken die Libellen mit Perlen und müssen hierbei auf die Farben achten.**

Alter ab 3 Jahren

Ziele Farbenlehre, visuelle Wahrnehmung, Feinmotorik, logisches Zuordnen

Material Kopiervorlage „Libelle", Biegeplüsch in Rot, Blau, Gelb und Grün, Tonkarton in Rot, Blau, Gelb und Grün, jeweils 7 kleinere Perlen in Rot, Blau, Gelb und Grün, 4 größere Perlen in Rot, Blau, Gelb und Grün, Draht, Schere, Kleber, Tonkarton (Unterlage), eine Schachtel

## Herstellung

Fertigen Sie mithilfe der Kopiervorlage je ein rotes, ein grünes, ein gelbes und ein blaues Flügelpaar an. Auch die Kinder können diese Aufgabe übernehmen. Schneiden Sie anschließend den Biegeplüsch je auf ca. 16 Zentimeter zu. Ziehen Sie auf jedes Drahtstück die große Perle bis zu einem Ende auf. Sie stellt den Libellenkopf dar. Schneiden Sie vom Draht jeweils ca. 5 Zentimeter lange Stücke ab. Biegen Sie diese in der Mitte und schieben Sie den Draht so durch die Perle auf dem Biegeplüsch, dass die zwei Enden vorne als Fühler hervorschauen. Fixieren Sie die Perlen und den Draht mit Kleber und lassen Sie alles gut trocknen.

Wiederholen Sie diesen Vorgang, bis alle vier Libellen fertig sind. Hinter die großen Perlen kleben Sie nun jeweils das farblich passende Flügelpaar auf. Fertigen Sie eine Schachtel an und geben Sie die restlichen Perlen hinein.

### Einführung: Selbstständig spielen und entdecken

Betrachten Sie mit den Kindern die „Libellen". Fällt ihnen hier etwas auf? Genau: Die Perlen können als Libellenkörper auf den Biegeplüsch gesteckt werden. Aber die Perlen sollen auch farblich passen. Die Kinder können nun die Perlen farblich passend den Libellen zuordnen und auffädeln.

## 20 Das Froschhüpfen

**Mit dem Frosch über Seerosenblätter hüpfen und so den See überqueren: In dieser Lernschublade lernen die Kinder beim Froschhüpfen ganz nebenbei die Zahlenwerte, Ziffern und Würfelaugen von Eins bis Sechs kennen.**

Alter ab 3 Jahren

Ziele Ziffern und Zahlen kennenlernen, visuelle Wahrnehmung, Mengen und Zahlen verbinden

Material Kopiervorlage „Frosch", schwarzer Filzstift, Schere, Kleber, Tonkarton in Grün, Tonpapier in Weiß, Gelb, Grün, Korken, Würfel, blauer Tonkarton (Unterlage)

### Herstellung

Kopieren Sie die Vorlage „Frosch" und übertragen Sie die Elemente auf den Tonkarton (Frosch) sowie das Tonpapier (Seerosen). Basteln Sie den Frosch zusammen und stellen Sie sechs Seerosenblätter her, auf die Sie die Zahlen von 1 bis 6 schreiben. Ordnen Sie diese sechs Blätter nun auf der blauen Unterlage an und kleben Sie sie fest. Den Frosch dann nur noch an einen Korken kleben, damit er stehen kann.

### Einführung: Selbstständig spielen und entdecken

Gehen Sie mit den Kindern die Augenzahlen auf dem Würfel durch. Wissen die Kinder, welchem Augenzahlenbild auf dem Würfel welche Ziffer entspricht? Vertiefen Sie jetzt das Erfahrene spielerisch und holen Sie die Seerosenblätter hinzu. Ein Kind würfelt, betrachtet das Würfelaugenbild und zeigt auf die richtige Zahl auf dem Seerosenblatt. Jetzt darf auch der Frosch mitspielen. Er „hüpft" immer auf das richtige Seerosenblatt. Die Kinder können nun einzeln würfeln oder abwechselnd so, dass der Frosch in der richtigen Reihenfolge von 1 bis 6 über den See hüpft.

Kapitel 4

# Die Wiese

Insekt oder nicht? Auf der Wiese gibt es unterschiedliche Tiere zu entdecken. Die Lernschubladen in diesem Kapitel bringen den Kindern Marienkäfer, Spinnen und Spinnennetze sowie Schmetterlinge näher. Hier kann nach Herzenslust zugeordnet, sortiert und entdeckt werden.

# 21 Insekt oder kein Insekt?

**Auf einer Wiese tummeln sich viele kleine Tiere. Doch nicht alle gehören zu den Insekten. Das wichtigste Merkmal sind hier die Beinchen, denn Insekten haben immer sechs. In dieser Lernschublade unterscheiden die Kinder nicht nur zwischen Insekt und kein Insekt, sondern sie üben sich auch im Zählen.**

Alter ab 3 Jahren

Ziele visuelle Wahrnehmung, Zählen, Feinmotorik, Sachwissen

Material Kopiervorlagen „Insekt – kein Insekt 1 & 2“, Schere, Kleber, grüner Tonkarton, DIN-A4-Papier, weißes Papier, Farbstifte, Papierreste, Filzstifte, blauer Tonkarton (Unterlage), drei Schachteln

## Herstellung

Gemeinsam mit den Kindern bemalen Sie die Tiere auf den Vorlagen „Insekt – kein Insekt 1 & 2“. Malen Sie diese so originalgetreu wie möglich an. Schneiden Sie die Tiere anschließend aus und kleben Sie sie auf Kärtchen aus grünem Tonkarton, die circa 7 × 7 Zentimeter groß sind. Fertigen Sie drei Schachteln an. Auf eine schreiben Sie „Insekt“ und lassen nach Wunsch die Kinder darunter sechs Beine aufmalen. Die zweite Schachtel beschriften Sie mit „kein Insekt“ und erneut mit sechs Beinen, die durchgestrichen werden. Die dritte Schachtel gilt der Aufbewahrung und erhält daher keine Beschriftung.
Die Schachteln können Sie oder die Kinder zum Schluss noch mit gebastelten Blumen aus Papierresten bekleben.

**Tipp**

Auch wenn die Kinder nicht lesen können, sollten Sie die Tierkärtchen beschriften. So fördern Sie das Wiedererkennen von Buchstaben.

### Einführung: Selbstständig spielen und entdecken

Betrachten Sie gemeinsam mit den Kindern jedes einzelne Kärtchen und benennen das abgebildete Tier. Erklären Sie, dass diese Tiere etwas unterscheidet, denn es sind Insekten dabei und auch Tierchen, die keine Insekten sind. Geben Sie an die Kinder das wichtigste Merkmal eines Insekts weiter: Sie haben genau sechs Beinchen. Jetzt können die Kinder die Tiere anhand der Anzahl ihrer Beinchen richtig in die beiden Schachteln sortieren. Sollten die Kinder unsicher sein, können sie jeweils auf den Schachteln mit „Insekt" oder „kein Insekt" die Beine nachzählen.

## 22 Der bunte Schmetterling

**Schmetterlinge sind so schön anzusehen, wenn sie mit ihren bunten Flügeln über eine Wiese fliegen. Aber in dieser Schublade suchen die Schmetterlinge ihre andere Hälfte. Ob die Kinder hier helfen und alle Schmetterlinge wieder zusammenpuzzeln können?**

Alter ab 3 Jahren

Ziele Wissen über Farben, visuelle Wahrnehmung

Material Kopiervorlage „Schmetterling", rotes Tonpapier, Farbstifte, Schere, Kleber

### Herstellung

Kopieren Sie die Vorlage „Schmetterling" bis zur gewünschten Anzahl von Schmetterlingen und schneiden Sie die Schmetterlingskärtchen aus. Bemalen Sie dann jeden Schmetterling in einer anderen Farbe. Den Hintergrund können Sie bemalen oder auch weiß lassen, ganz nach Ihrem Geschmack oder dem der Kinder. Aus dem roten Tonpapier schneiden Sie Rechtecke in der Größe 7 × 6 Zentimeter zu – in der Anzahl Ihrer Schmetterlinge. Kleben Sie die Schmetterlinge genau in die Mitte der Kärtchen. Dazu können Sie beides, rote Kärtchen und Schmetterlingskärtchen, einfach einmal in der Mitte falten und an dem Falz genau aufeinanderkleben. Entlang

der Mittelfalz dann alle Kärtchen genau in der Mitte durchschneiden, sodass zwei gleiche Hälften entstehen. Alle so entstandenen Puzzlehälften kommen kunterbunt durcheinandergemischt in die Lernschublade.

### Einführung: Selbstständig spielen und entdecken

Legen Sie alle Teile vor die Kinder. Die Kinder werden schnell erkennen, dass es sich hier um Schmetterlinge handelt. Können sie sie anhand der Farbe wieder richtig zusammensetzen?

## 23 Die Biene auf der Formenwiese

**Bei diesem Spiel haben die Blüten besondere Formen und auf dieser Formenwiese sammelt eine Biene Blütenpollen ein.**

Alter ab 4 Jahren

Ziele Formenlehre, Feinmotorik, Beobachtung, Konzentration, Vergleichen

Material Kopiervorlage „Biene und Würfel", Farbstifte, Pappteller, Tonpapier in verschiedenen Farben, Musterbeutelklammer, 6 Flaschendeckel, Tonkarton in Grün, Schere, Kleber, Fingerfarbe in Grün, Pinsel, 12 kleine Perlen, nach Wunsch: Pinzette, Tonkarton (Unterlage), eine Schachtel

### Herstellung

Kopieren Sie die Vorlage „Biene und Würfel". Schneiden Sie alles aus und malen Biene und Würfel farbig an. Anschließend kleben Sie den Würfel zusammen.

Bemalen Sie den Pappteller an der Unterseite mit der grünen Fingerfarbe. Aus farbigem Tonpapier schneiden Sie die Formen aus, die auch auf dem Würfel zu sehen sind. Ist der Pappteller getrocknet, ordnen Sie die sechs Formen am Rand gleichmäßig an und kleben sie fest. Auf jede Form kommt ein Flaschendeckel mit der Öffnung nach oben als Mittelpunkt der „Blüte". Malen Sie noch einen Stiel und Blätter auf den Pappteller, sodass die Formen wie Blumen aussehen. Schneiden Sie aus dem Tonkarton einen Streifen von etwa 8 × 1,5 Zentimetern. Bringen Sie nun noch in der Mitte des Tellers ein kleines Loch an. Auch den Streifen lochen Sie am unteren Ende. Mit einer Musterbeutelklammer können Sie den Streifen jetzt als Zeiger auf dem Teller befestigen. Dieser kann nun gedreht werden. Am Ende des Streifens kleben Sie die Biene auf. Falten Sie zum Schluss eine Schachtel, in der die Perlen aufbewahrt werden können.

## Einführung: Selbstständig spielen und entdecken

Betrachten Sie mit den Kindern den Teller. Erkennen die Kinder die Formen der „Blumen"? Besprechen Sie die Formen gemeinsam: Es sind Kreis, Quadrat, Rechteck, Dreieck, Trapez, Raute. Welche Eigenschaften haben die Formen? Was für Ecken und Kanten?
Die Kinder werden auch die Biene erkennen. Diese Biene ist auf der Formenwiese unterwegs, um Blütenpollen zu sammeln. Legen Sie nun in jeden Flaschendeckel zwei Perlen und holen den Würfel hinzu. Jetzt wird gewürfelt und danach die Biene zu der gewürfelten Form gedreht. Aus diesem Deckel darf das Kind nun eine Perle nehmen. Sind in einer Form keine Perlen mehr vorhanden, wird noch einmal gewürfelt. Ziel ist es, dass die Biene es schafft, alle Perlen bzw. Blütenpollen einzusammeln.
Wenn Sie die Lernschublade etwas schwieriger gestalten möchten, geben Sie den Kindern eine Pinzette, um die Perlen aus den Deckeln herauszuholen.

**Tipp**

Die Lernschublade kann auch von mehreren Kindern als Spiel genutzt werden, indem jeder eine oder zwei Formen zugeteilt bekommt. Nun würfeln die Kinder abwechselnd. Wer schafft es als Erstes, seine Blütenpollen einzusammeln?

# 24 Die Spinne und ihr Netz

**In dieser Lernschublade bewacht eine aufmerksame Spinne einen Schatz. Ob es den Kindern gelingt, den Schatz hinter dem Spinnennetz zu erobern, ohne dass es die Spinne merkt? Hier ist Fingerspitzengefühl gefragt!**

Alter ab 4 Jahren

Ziele Feinmotorik, Geduld, Ausdauer, Geschicklichkeit

Material weißes Papier, Schuhkartondeckel bzw. Schuhkarton, Wolle, Cuttermesser (nur für Erwachsenenhände), ca. 10 Pompons, Grillzange, schwarzer Stift, Schere, Kleber, grüner Tonkarton, Tonkarton (Unterlage)

## Herstellung

Bekleben Sie den Schuhkartondeckel (sollte etwa 4 Zentimeter hoch sein) oder alternativ einen zugeschnittenen Schuhkarton mit grünem Tonkarton. Malen Sie auf ein weißes Blatt ein Spinnennetz auf und legen es in den zugeschnittenen Karton. Machen Sie dann im Abstand von 3–4 Zentimetern kleine Einschnitte in den Kartonrand. Spannen Sie mithilfe der Einschnitte die Wolle über den gesamten Karton. Sie können auch noch eine Spinne gestalten (oder aus einer Vorlage herauskopieren) und ausschneiden, die Sie auf die Wolle setzen. Legen Sie zum Schluss die Pompons hinter das Spinnennetz in den Karton.

## Einführung: Selbstständig spielen und entdecken

Betrachten Sie mit den Kindern die Lernschublade: Hinter dem Netz der Spinne liegen die Schätze (die Pompons). Aber wie bekommen die Kinder sie dort heraus, ohne dass die Spinne etwas merkt? Zeigen Sie den Kindern die Zange. Ganz vorsichtig können die Kinder damit durch das Spinnennetz greifen und die Pompons hervorholen. Schaffen es die Kinder, alle Pompons herauszuholen, ohne am Netz zu wackeln und die Spinne zu stören?

# 25 Der Marienkäfer hat Punkte

**Mengen den richtigen Zahlen zuordnen: Das ist gar nicht so einfach. In dieser Lernschublade helfen Marienkäfer dabei, denn die Kinder müssen deren Punkte zählen.**

Alter ab 4 Jahren

Ziele Wissen über Zahlen und Mengen, Konzentration, Zählen üben

Material 10 etwas größere Steine, Pinsel, Acrylfarbe in Rot, Schwarz und Weiß, schwarzer dicker Filzstift, Papier in Weiß und Grün, Schere, Kleber, Tonpapierreste, Tonkarton (Unterlage)

## Herstellung

Bemalen Sie die Steine mit roter Acrylfarbe. Lassen Sie die Farbe gut trocknen, bevor Sie den Kopf mit dem schwarzen Filzstift auf einem kleinen Teil des Steins gestalten. Mit einem weißen Acrylstift oder weißer und schwarzer Acrylfarbe können Sie die Augen der Käfer gestalten. Dann ziehen Sie vom Kopf einen Strich über den restlichen Stein und teilen ihn sozusagen in der Mitte. Aus den Steinen sind jetzt Marienkäfer geworden, denen nur noch die Punkte fehlen. Beginnen Sie beim ersten Stein mit einem Punkt und auf jedem weiteren Stein malen Sie einen Punkt mehr dazu.
Schneiden Sie zum Schluss aus dem grünen Papier zehn kleine Blättchen aus und schreiben auf diese jeweils eine Zahl zwischen 1 und 10.

## Einführung: Selbstständig spielen und entdecken

Schauen Sie sich mit den Kindern die Marienkäfer an. Was unterscheidet sie voneinander? Richtig: die Anzahl der Punkte. Sortieren Sie mit den Kindern die Marienkäfer von einem Punkt bis zu zehn Punkten. Dann holen Sie die Blätter dazu und benennen gemeinsam die Zahlen. Nun können die Kinder die Käfer auf das Blatt mit der richtigen Ziffer setzen.
Damit die Kinder überprüfen können, ob sie einen Fehler gemacht haben, schreiben Sie die Zahlen zusätzlich auch unter die Steine. So haben die Kinder die Möglichkeit, selbst Fehler zu korrigieren.

# 26 Die Farbenraupe

**Diese Farbenraupe freut sich, wenn die Kinder ihre Farbpunkte mit Pompons bestücken. Eine schnell gemachte Idee für eine neue, tolle Lernschublade.**

Alter ab 2 Jahren

Ziele visuelle Wahrnehmung, Feinmotorik, logisches Zuordnen

Material mindestens 15 Drehverschlüsse von Flaschen (Kunststoff) in verschiedenen Farben, 15 Pompons (farblich passend zu den Verschlüssen), Tonkarton, Pinzette, Schere, Kleber, wasserfester Stift, Tonkarton (Unterlage), eine Schachtel

## Herstellung

Sammeln Sie vorab Drehverschlüsse von Getränkeflaschen in verschiedenen Farben. Ordnen Sie die Flaschendeckel als Raupe(n) auf dem Tonkarton an und kleben Sie sie mit der Öffnung nach oben auf dem Tonkarton fest. Nur der erste Deckel wird mit der Öffnung nach unten aufgeklebt. Mit einem Filzstift können Sie ihn als Raupenkopf gestalten. Fertigen Sie eine Schachtel an und geben Sie dort die passenden Pompons hinein. Legen Sie, wenn vorhanden, eine Pinzette dazu.

## Einführung: Selbstständig spielen und entdecken

Die Kinder können gemeinsam mit Ihnen oder einem Spielpartner zuerst die Farben der Deckel und anschließend die der Pompons benennen. Die Kinder können nun herausfinden, dass in jeden Deckel der passende Pompon gelegt werden soll. Zum Einsortieren benutzen die Kinder am besten die Pinzette.

# Eule

# Waldtiere

# Würfel

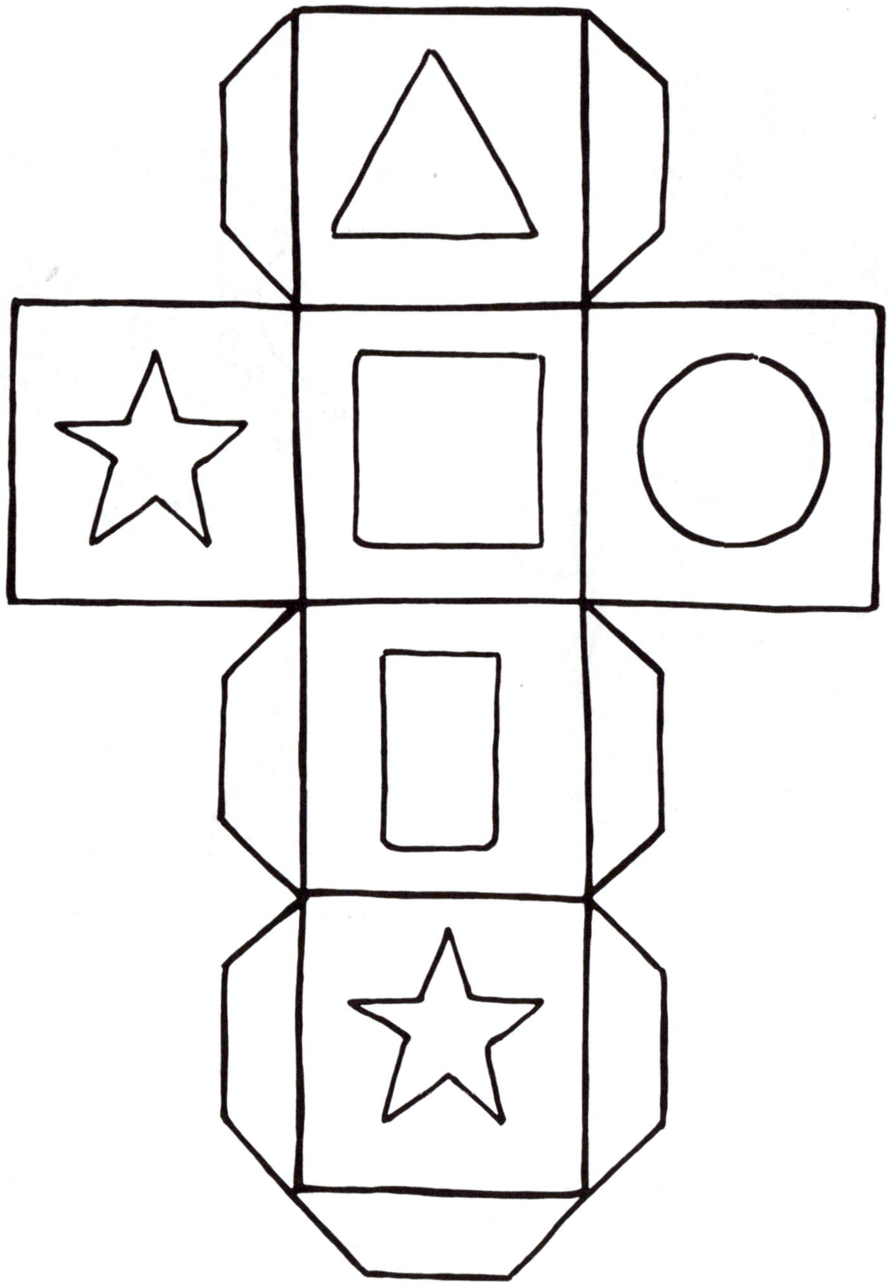

# Eulenbaum

# Specht

# Eichhörnchen

# Spinne

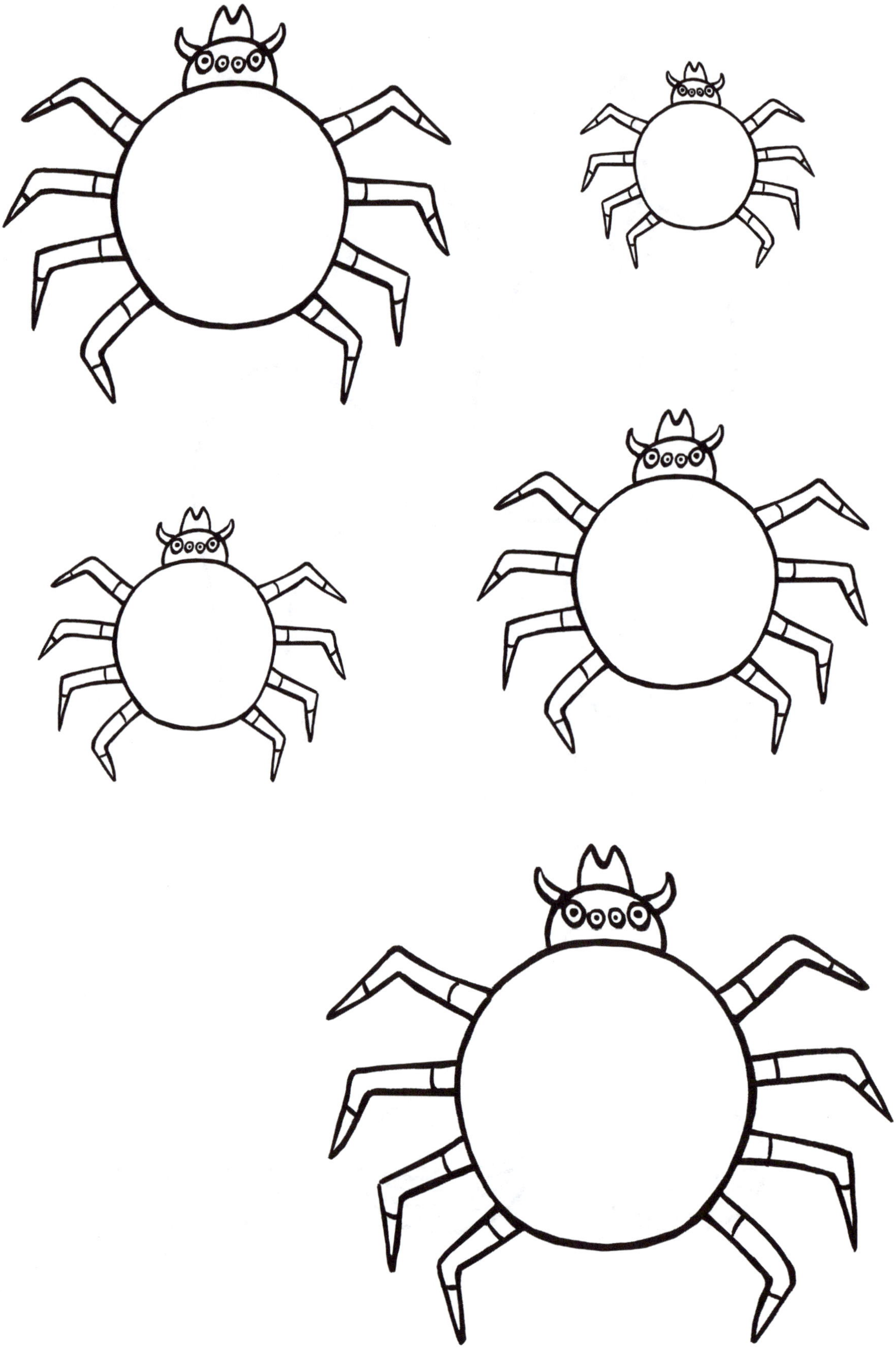

# Meerestiere

# Formenfische

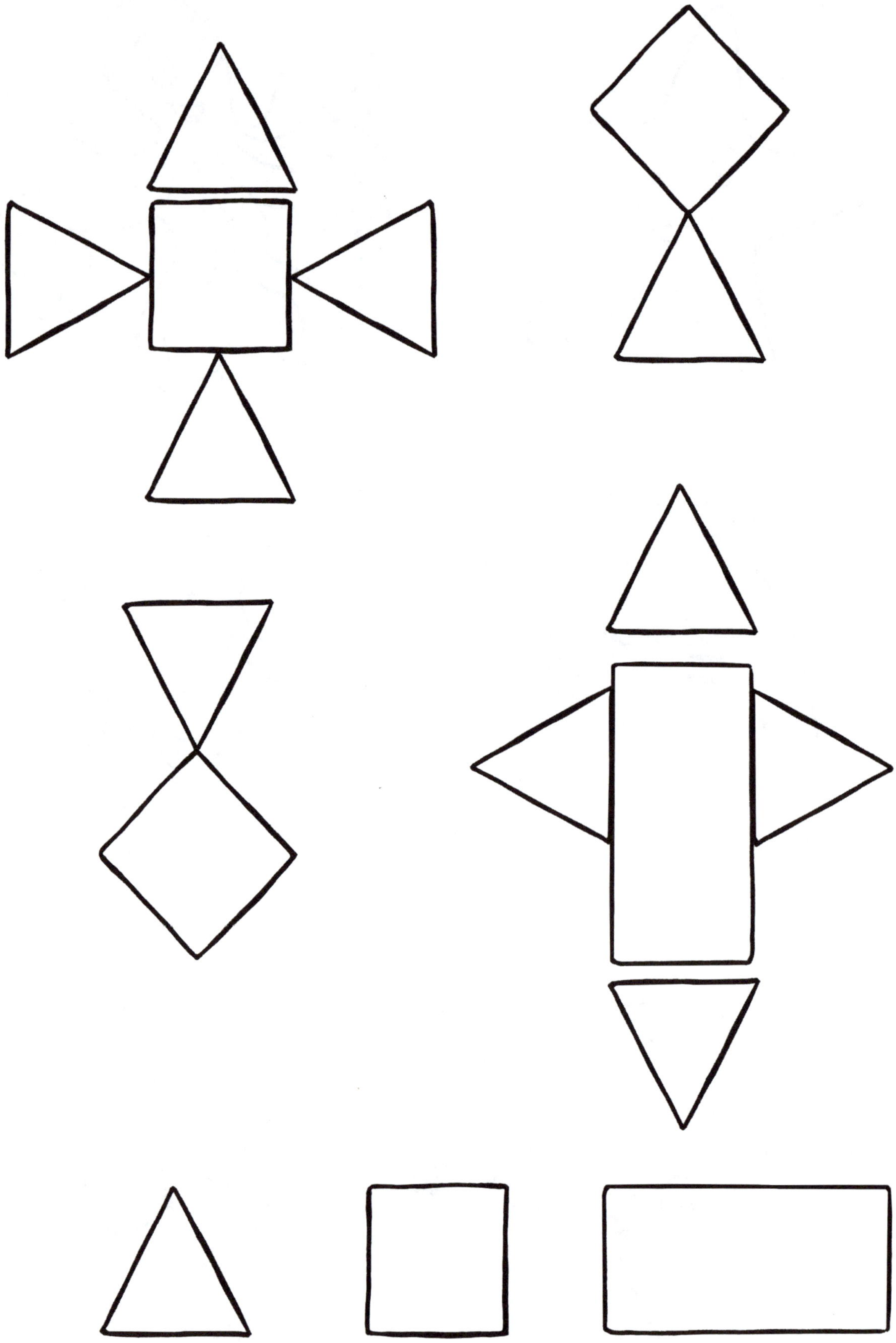

# Krake

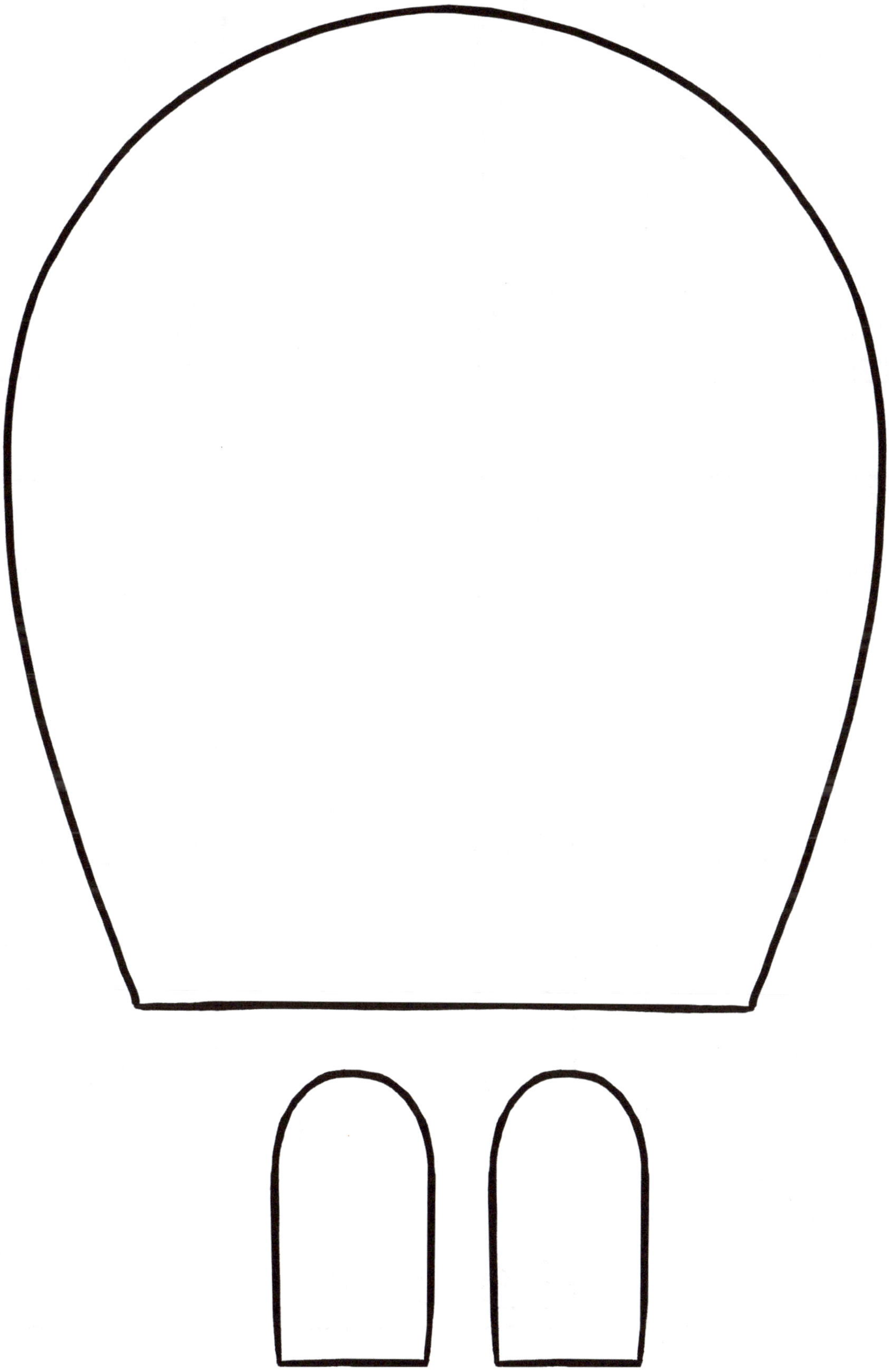

# Seespiel I

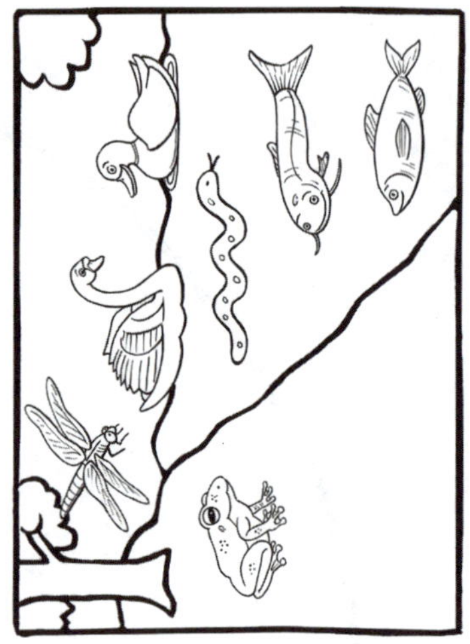
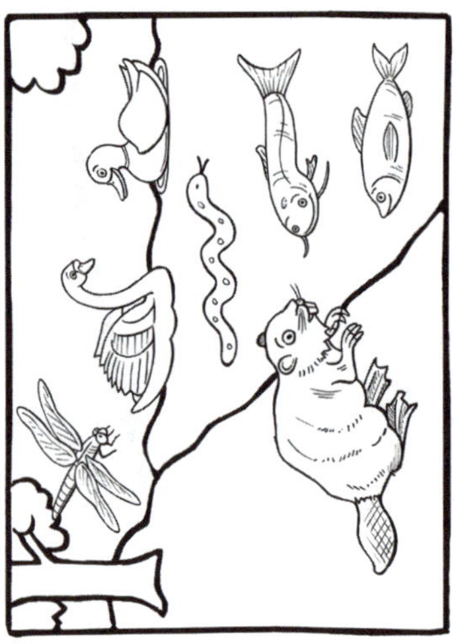

# Seespiel 2

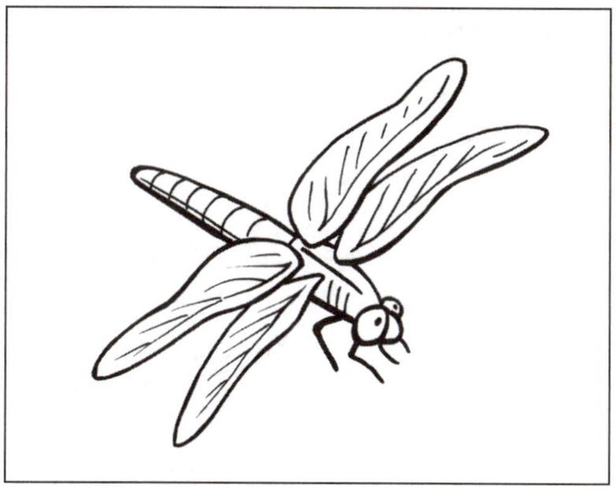

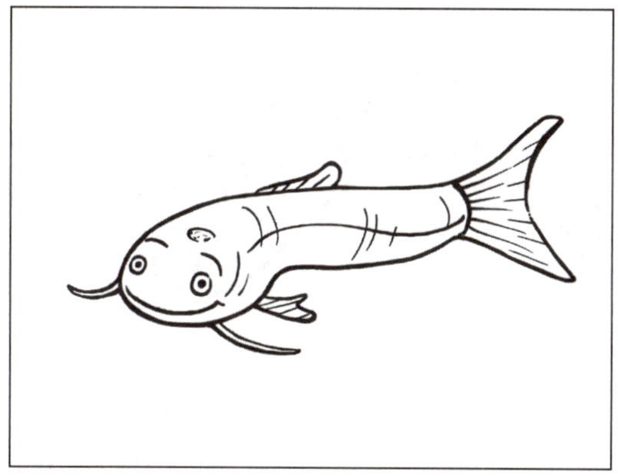

# Wasserschlangen I

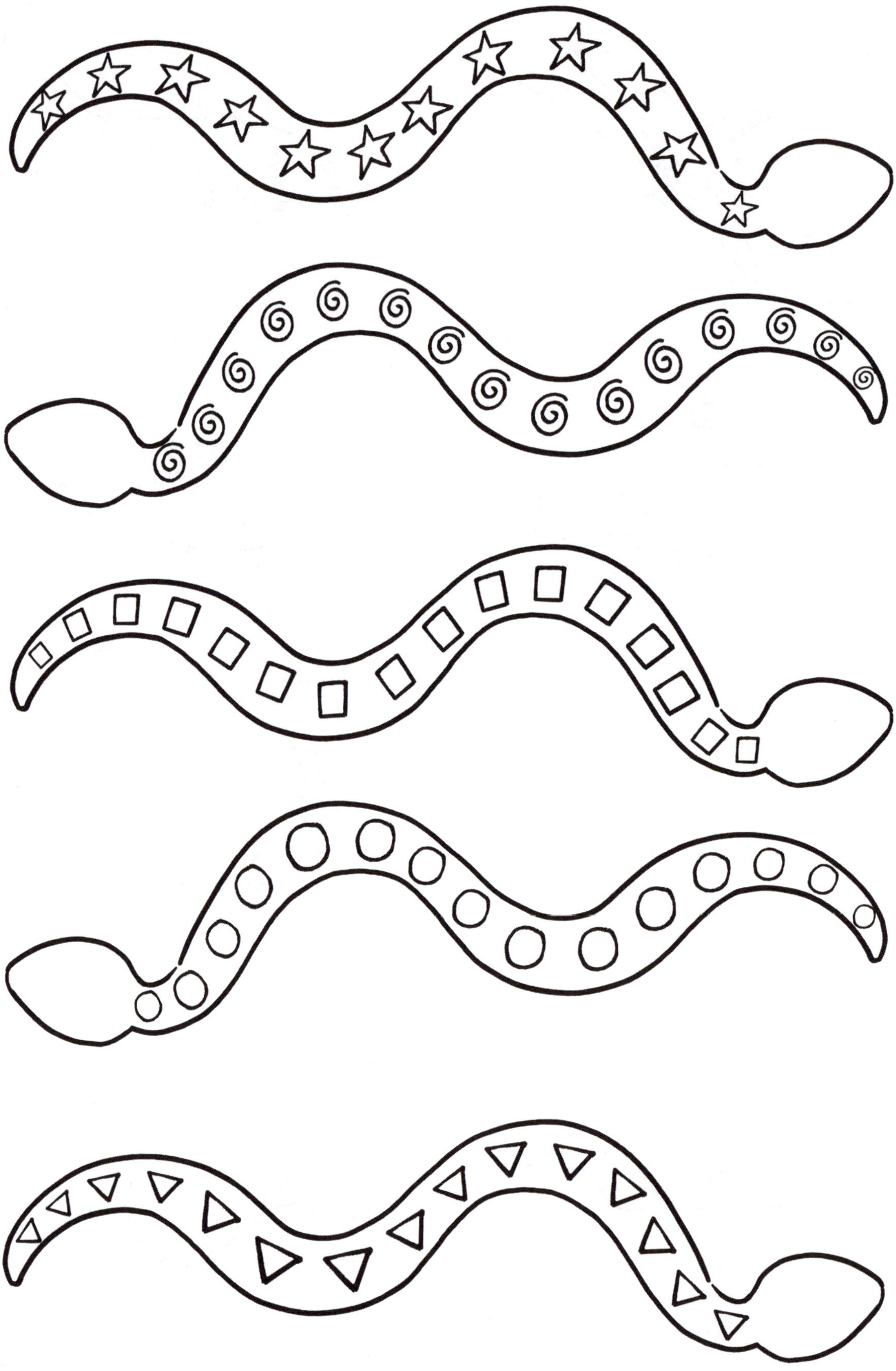

# Wasserschlangen 2

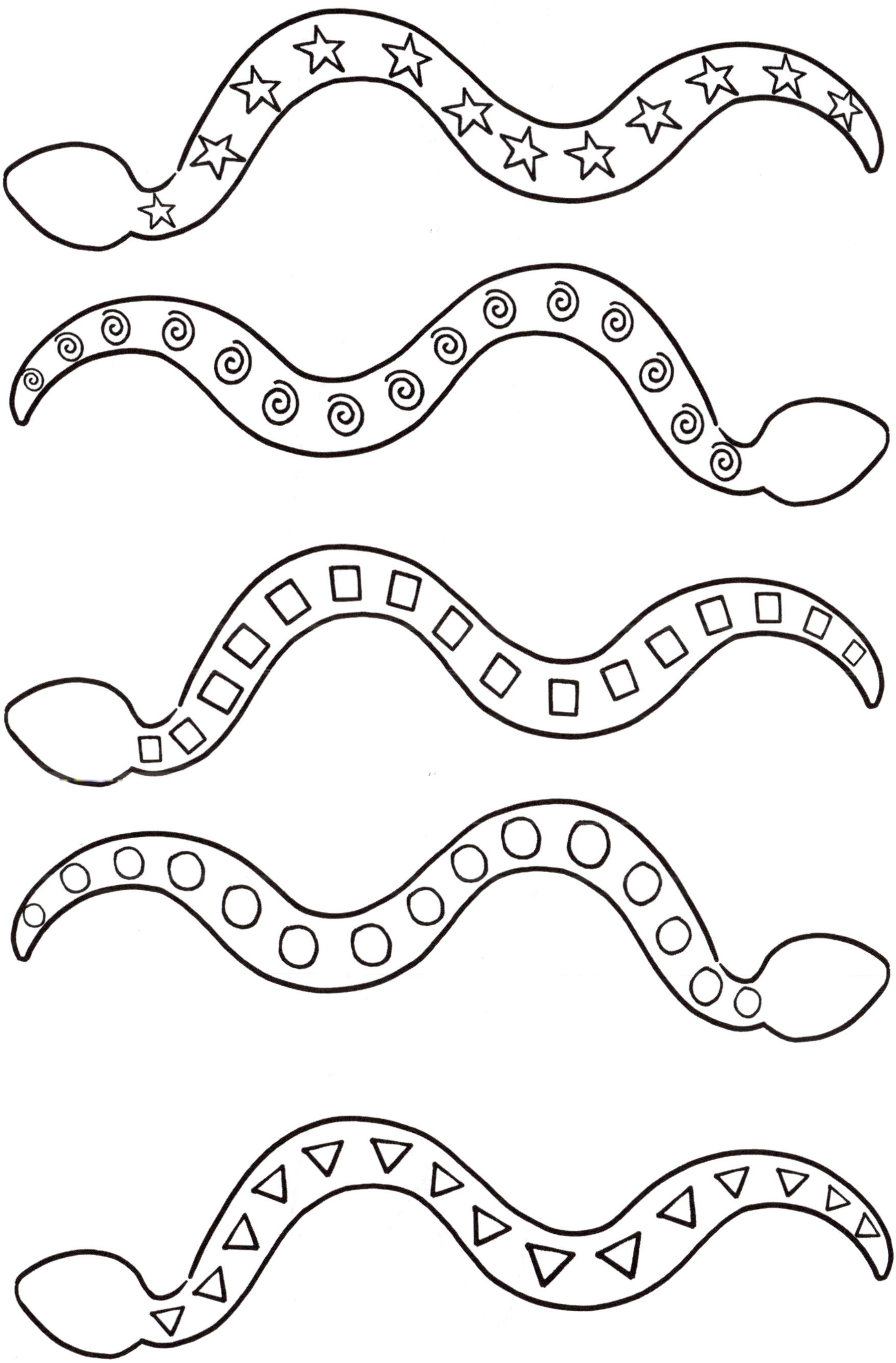

# Libelle

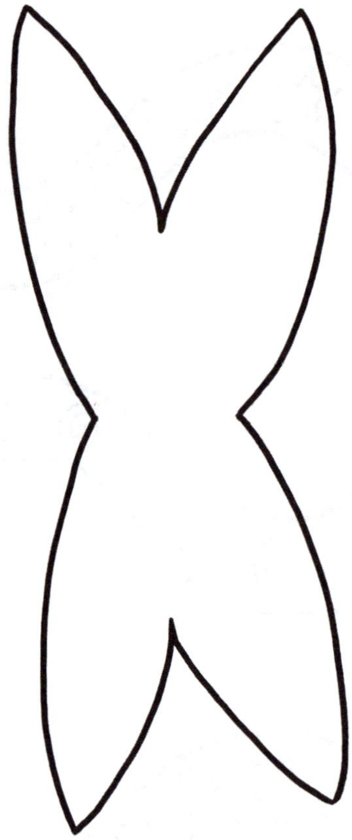

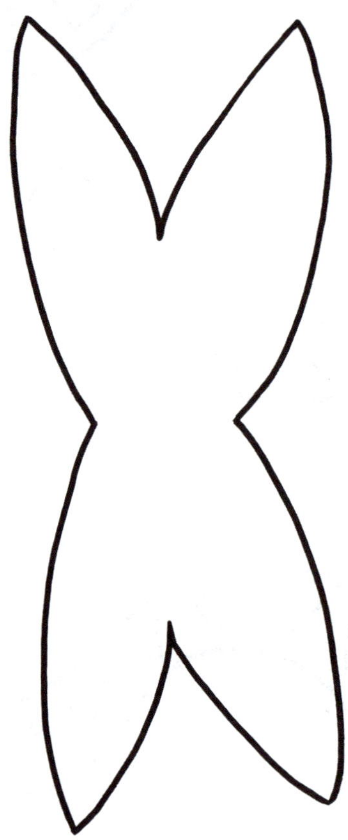

# Frosch

# Insekt - kein Insekt I

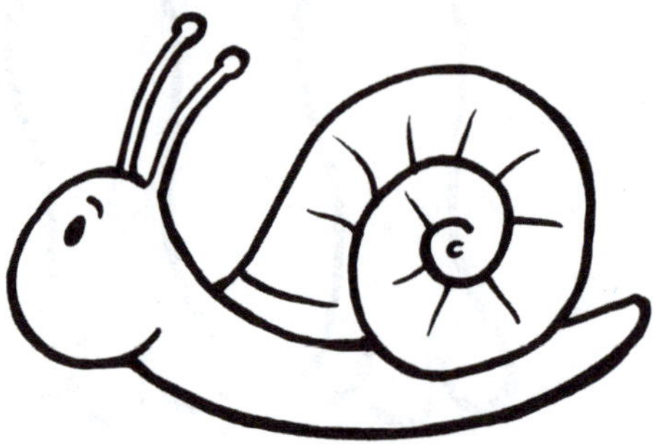

SCHNECKE

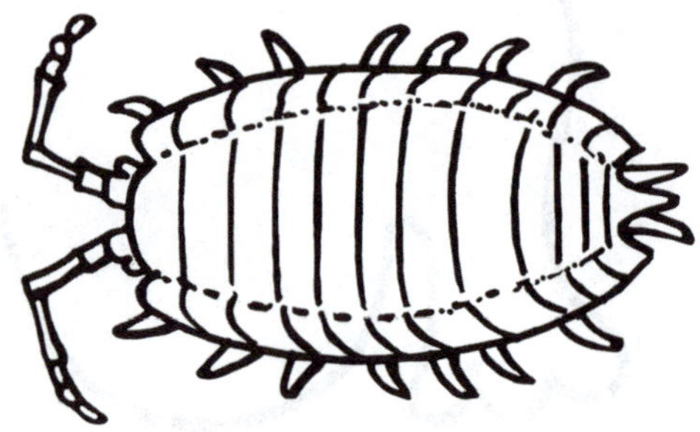

ASSEL

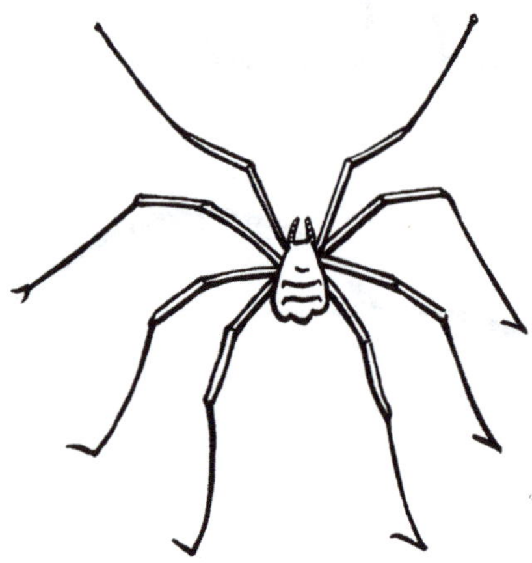

WEBERKNECHT

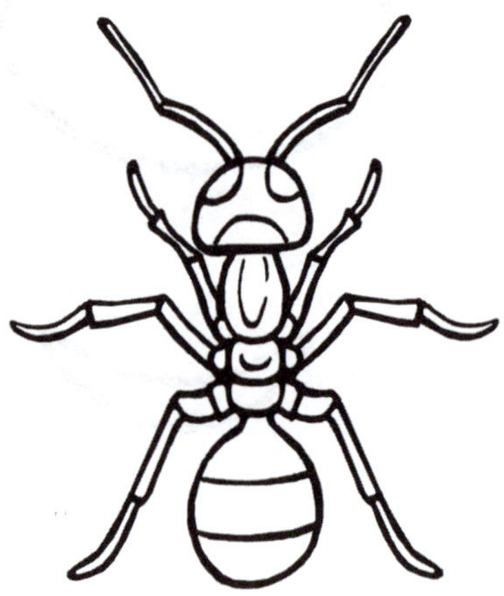

AMEISE

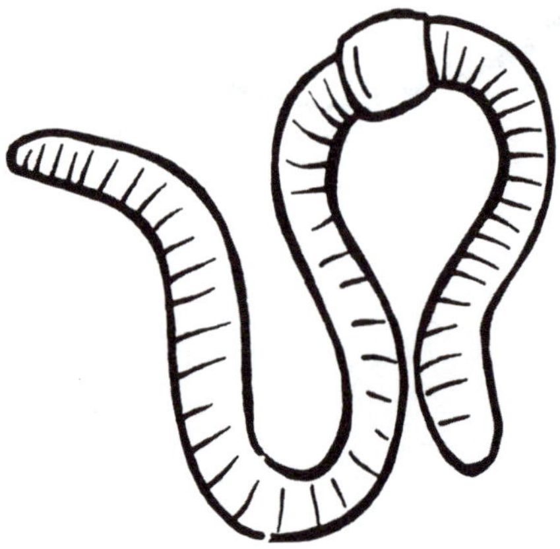

REGENWURM

SCHMETTERLING

# Insekt - kein Insekt 2

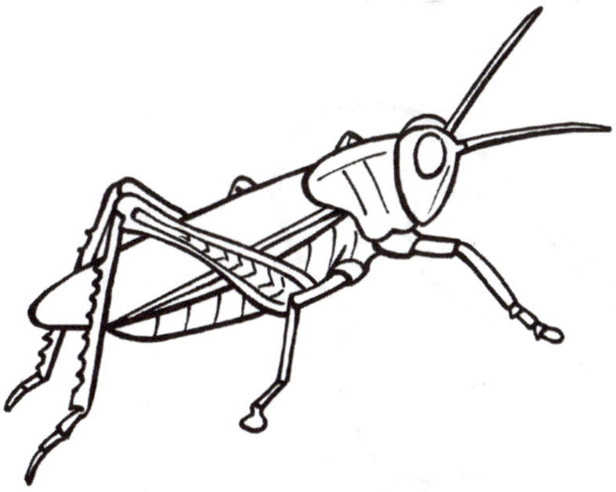

GRASHÜPFER

SPINNE

MARIENKÄFER

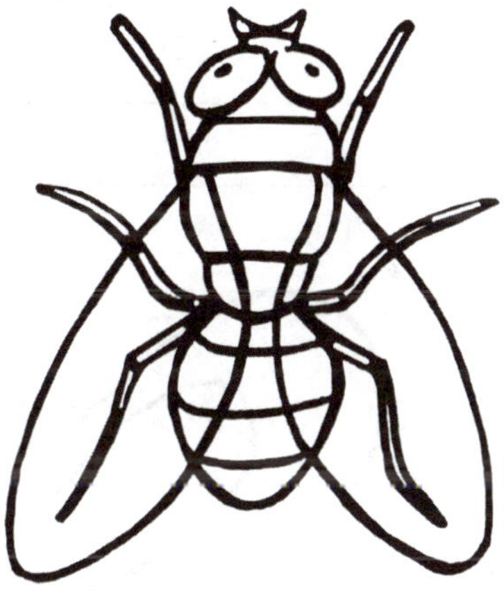

BIENE

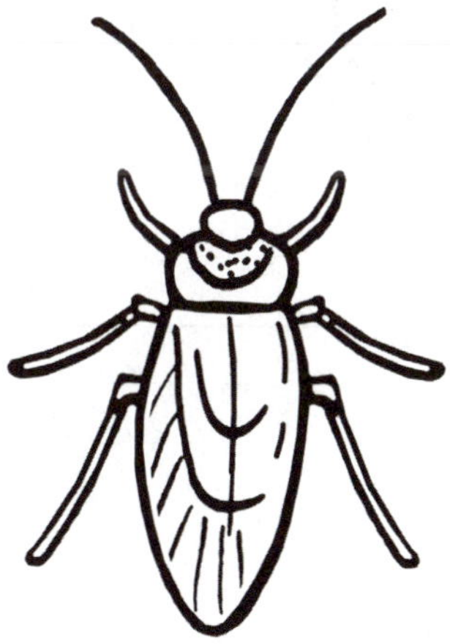

FLIEGE

ZECKE

# Schmetterling

# Biene & Würfel

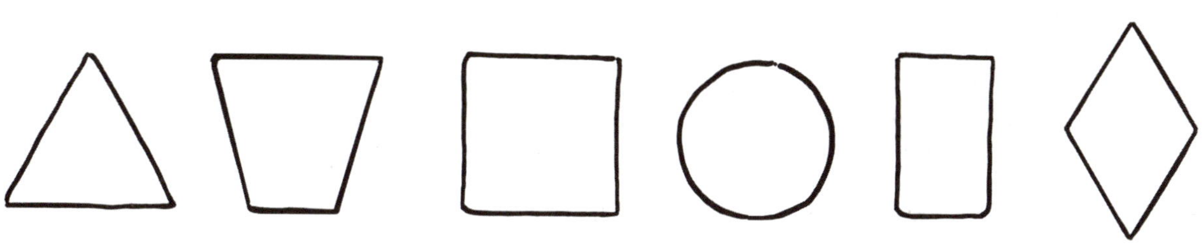

*Bibliografische Information der Deutschen Bibliothek*
Die Deutsche Bibliothek verzeichnet diese Publikation in der Deutschen Nationalbibliografie; detaillierte bibliografische Daten sind im Internet über http://dnb.ddb.de abrufbar.

1. Auflage 2023


Texte: Anja Mohr
Fotos: Anja Mohr mit Ausnahme von
S. 1 © Anastasia – Adobe Stock, – Adobe Stock,
S. 4 © Maksim Kostenko – Adobe Stock,
S. 5 © Lukas Bast – Adobe Stock,
S. 10 links © rainbow33 – Adobe Stock,
S. 18 links © onlynuta – Adobe Stock,
S. 28 links © Iuliia – Adobe Stock,
S. 36 © fieryphoenix – Adobe Stock

Druck und Bindung: Grafisches Centrum Cuno, Calbe

ISBN 978-3-7806-5195-2